Alexander Laska

Zur Literarisierung naturwissenschaftlicher Erkenntnis und der Empfindung des Erhabenen

LITERATURA
WISSENSCHAFTLICHE BEITRÄGE ZUR MODERNE
UND IHRER GESCHICHTE

Herausgegeben
von
Andrea Bartl, Martin Huber,
Stephan Kraft, Christine Lubkoll,
Friedhelm Marx, Dirk Niefanger

BAND 41

Zur Literarisierung naturwissenschaftlicher Erkenntnis und der Empfindung des Erhabenen

---

ERGON VERLAG

Alexander Laska

Zur Literarisierung naturwissenschaftlicher Erkenntnis und der Empfindung des Erhabenen

Raoul Schrotts Epos „Erste Erde“ – Kritik und Kommentar

ERGON VERLAG

Der Wiederabdruck der Cover-Abbildung erfolgt mit freundlicher Genehmigung der American Physical Society:

Anderson, Carl D., Physical Review, Volume 43 (6), 491–494., 1933, https://doi.org/10.1103/PhysRev.43.491 (Abbildung 1). Das Copyright hat die American Physical Society inne.

Mit dieser Nebelkammeraufnahme gelang in den frühen 1930er-Jahren der erste Nachweis von Antimaterie (hier dem Positron, dem Antiteilchen des Elektrons), die zuvor rein theoretisch von Paul Dirac vorhergesagt wurde. Solche Prozesse sind prominente Beispiele für Auslöser der Empfindung des Erhabenen im Sinne dieser Arbeit (siehe Unterkapitel zum „Strukturell-Erhabenen").

Bibliografische Information der Deutschen Nationalbibliothek
Die Deutsche Nationalbibliothek verzeichnet diese Publikation in der Deutschen Nationalbibliografie; detaillierte bibliografische Daten sind im Internet über http://dnb.d-nb.de abrufbar.

Gedruckt auf alterungsbeständigem Papier.
Umschlaggestaltung: Jan von Hugo

www.ergon-verlag.de

ISBN 978-3-95650-572-0 (Print)
ISBN 978-3-95650-573-7 (ePDF)
ISSN 1432-0274

Motto

„Odi et amo. Quare id faciam fortasse requiris.
Nescio, sed fieri sentio et excrucior.“

(Ich hasse und liebe. Warum ich dies tue, fragst du vielleicht.
Ich weiß nicht, fühle aber, dass es geschieht und werde gekreuzigt.)

— Catullus (*Carmen 85*, 1. Jhd. v. Chr.)

Inhaltsverzeichnis

Verdichtung von Analytik, Ästhetik und Ethik

„Die vollendete Form der Wissenschaft muss poetisch sein."
— Novalis (*Logologische Fragmente*, 1798)

„**6.421** Es ist klar, daß sich die Ethik nicht aussprechen läßt.
Die Ethik ist transzendental.
(Ethik und Ästhetik sind Eins.)

6.522 Es gibt allerdings Unaussprechliches.
Dies *zeigt* sich, es ist das Mystische."
— L. Wittgenstein (*Tractatus logico-philosophicus*, 1918)

Es ist in der philosophischen Ästhetik und mindestens genauso in der populärwissenschaftlichen Darstellung der Naturwissenschaften ein übliches Philosophem – oder zumindest: ein üblicher Topos –, vom *Schönen*, sowohl der Phänomene und der Strukturen hinter jenen als auch der Theorien von jenen, zu sprechen. Die ästhetische Kategorie des *Erhabenen* hingegen wird nahezu nie Teil der theoretischen Erwägungen im Dunstkreis naturwissenschaftlichen Wirkens.

Der *wohlige Schauer*, der dem oder der Empfindenden des Erhabenen oft wörtlich über den Rücken läuft, ist aber vielen – gerade besonders theoretisch arbeitenden – WissenschaftlerInnen wohl bekannt. Beim Erforschen neuer Phänomene, beim ersten Wahrnehmen bisher unbekannter Aspekte der Wirklichkeit, beim Verstehen der zugrundeliegenden Strukturen und deren Theorien, beim erfolgreichen Aufstellen einer Theorie, beim erfolgreichen Vorhersagen mittels einer Theorie und auch beim Durchdringen oder gar Selbst-Aufstellen eines mathematischen Beweises – kurz: im Zuge vieler Facetten des naturwissenschaftlich-mathematischen Erkenntnisprozesses – erleben jene (oder ebenso auch wissenschaftlich interessierte Laien) immer wieder ähnliche Empfindungen wie jene, die zum Beispiel ein Wanderer in der wilden Natur beim Sonnenaufgang auf einem Gipfel, eine Zuhörerin eines Rachmaninow-Klavierkonzerts, Überlebende eines Schiffbruches, der einem Gedicht Lauschende oder die Betrachterin eines Gemäldes haben können.

Die Empfindung des Erhabenen, wie sie hier verstanden wird, ist eng mit dem Rätsel der bewussten, qualitativen Wahrnehmung an sich verbunden, mit der Willensfreiheit, somit auch mit Ethik und schließlich mit den Denkbewegungen des Erkennens und mit den Brüchen, Wendungen und dem Anhalten darin: den Momenten der Erkenntnis; mit jenen Phänomenen also, die wesentlich das Menschsein auszumachen scheinen.

Darüber hinaus – oder eher: passenderweise – ist sie wohl die einzige Empfindung, die in ihrer herausgehoben Stellung, in ihrer die ganze Wahrnehmung und das ganze Gemüt „ausfüllenden" unmittelbaren Erfahrung vergleichbar mit orgastischen Empfindungen ist.

In der vorliegenden Studie wird also das Erhabene mit dem Wahrnehmen der Naturphänomene und vor allem dem naturwissenschaftlichen Erkennen und Verstehen zusammengedacht.

Das Erhabene geht hier nicht ausschließlich, aber wesentlich auch mit dem Staunen darüber, was der menschliche Geist vermag, einher. Er kann scheinbar vorher wissen, wie die Dinge sich verhalten werden, und aus – in ganz weiten Teilen – abstrakten, theoretischen Einsichten dann wirkliches materielles Verhalten ableiten; nicht nur im Sinne von etwas Erwartbarem, sondern auch in einem dem konkreten Menschen gänzlich neuen Zusammenhang, in dem er sich gerade nicht durch die bloße Wahrscheinlichkeit von etwas schon oft Vorgekommenem zurechtfinden kann.

Natürlich basieren solche Ableitungen auf experimentellen Daten, aber dann erweist sich das aus ihnen Ableitbare in ganz anderen Bereichen der uns umgebenden Welt als gewisse Macht des Geistes, andere oder gar völlig neue Erkenntnisse abzuleiten und damit wesentlich den Verlauf der Geschichte zu verändern; auch den der Entfaltung weiterer solcher Erkenntnisse.

Um ein Beispiel zu geben, könnte man jedes erdenkliche Phänomen und unsere Interaktion mit jenem heranziehen: vom historisch immens wichtigen Beispiel der Planetenbewegungen bis hin zur Teilchenerzeugung am Forschungszentrum CERN. Aber eigentlich offenbart sich, was im Rahmen dieser Arbeit wichtig ist, auch an den banalsten Beispielen wie dem Fallverhalten eines völlig beliebigen Gegenstandes wie dem Verlauf einer hängenden Kette. So lassen sich mit Scharfsinn aus den Planetenbewegungen Prinzipien finden, aus denen man dann in einem scheinbar ganz anderen Phänomenbereich etwa den Verlauf einer hängenden Kette herleiten kann. Setzt man sich nun hin und versucht so aus den Newtonschen Gesetzen ihren genauen Verlauf herzuleiten, kommt man relativ schnell darauf, dass eine Kette wie der Graph einer sogenannten Kosinushyperbolicusfunktion (und nicht wie eine Parabel – wie man meinen könnte) hängen müsste. Hat man nun dieses analytische Ergebnis in den Händen, will man es natürlich mit dem wirklichen Durchhang einer Kette vergleichen und kann sich dabei des Folgenden bewusst werden:

Welche Kette man nimmt, wann man sich *entscheidet*, dies zu tun, welches Ende man links, welches rechts hinhängt, all das konnten – und können – die Gleichungen der Physik nicht errechnen. Aber wenn man dann die Kette, die Länge, die Art der Aufhängung usw. *gewählt* hat, hängt diese jedes Mal erstaunlicherweise genau so, wie sich dies analytisch errechnen lässt. Dass sich von dem, was passieren wird, überhaupt ein so großer Anteil durch Nachdenken vorher schon wissen lässt, ist jedes Mal ein Wunder, dessen man sich nur fast nie bewusst wird. Der menschliche Geist kann also gleichzeitig so wunderbar viel und so wenig. Er scheint so *mächtig* zu sein und gleichzeitig so *beschränkt*.

Hier stellt sich eine *Grenzerfahrung* ein. Der Mensch nimmt wahr, zu was der Geist fähig ist und dass er die Grenzen dessen immer weiter hinaustreiben kann; ohne prinzipiell seiner Beschränkung entgehen zu können. Er ist gleichzeitig tief in die Natur mit ihren Bestimmtheiten eingebunden und wirkt doch über sie herausgehoben. Das Gefühl, das sich im Wesentlichen deshalb einstellt, weil man erahnt, wie mächtig und frei der menschliche Geist ist *bei gleichzeitiger* Beschränktheit und Demut vor dem, was noch außerhalb liegt, ist hier die *Empfindung des Erhabenen naturwissenschaftlicher Erkenntnis*. Sie fußt gleichzeitig im Analytischen wie im Ästhetisch-Ethischen. Auch beim Wahrnehmen von Musik wie beispielsweise einer Symphonie Ludwig van Beethovens oder eines Rachmaninow-Klavierkonzerts stellt sich ein Gefühl ein, das davor erstaunt und demütig vor dem zurücktritt, was der menschliche Geist hier zu Wege gebracht hat, wie einmalig und kunstvoll, wie authentisch, organisch und wie komplex hier etwas ist. Gleichzeitig wird so ein Werk von so vielen menschlichen Parametern dominiert; es basiert auf so viel erlernbarer Struktur, letztlich wenigen Tönen, Tonfolgen und Modulationsmustern; kurz: hoher Symmetrie und Einfachheit. Wenn man es hört, ist man gezwungen, in eine bestimmte Richtung zu denken und vor allem zu fühlen, und gleichzeitig kann man erahnen, wie frei und besonders der Mensch ist. Es nimmt einen gefangen und macht dennoch frei. Es ist *in einem* ein analytisches, ethisches und ästhetisches Phänomen, das Freiheit und Beschränktheit, Macht und Kleinheit des menschlichen Geistes wahrnehmbar werden lässt und so erahnbar macht, was den fühlenden, denkenden und entscheidenden Geist wesentlich ausmacht. Bewerkstelligen es unser Kognitions- und Emotionsapparat ansonsten, im Verborgenen zu halten, wie besonders unser *Zugriff auf Welt* (im obigen Sinne) ist, tritt dies in den Momenten der Empfindung der Tiefe und des Erhabenen wesentlich offener zutage. Die Nähe des Erhabenen zum Orgastischen mag auch am Wechselspiel von Befriedigung und Hemmung der Erkenntnislust liegen – zumindest im Bereich des Erhabenen naturwissenschaftlicher Erkenntnis.

Es sind die Empfindungen der *Tiefe* und des *Erhabenen*, die die Verbindung der beiden Domänen der Kunst einerseits und des analytischen Denkens (sowohl der Geistes- wie auch der Naturwissenschaften) andererseits auf eine ganz natürliche Weise offenbaren. So bleibt zwar die methodische, nicht aber eine Trennung in der Tiefe nachvollziehbar. Mir liegt am Herzen, dass sich dieses volle, ausschöpfende Wahrnehmen und Erfahren in der Tat genauso in beiden Bereichen entfaltet.

Das Erhabene am und im Überlapp von Naturwissenschaft und Kunst, speziell auch Physik und Literatur, ist nicht nur Gegenstand von Raoul Schrotts Gedichtband *Tropen*, sondern tritt ebenso in seinem jüngeren Werk, dem Epos *Erste Erde*, wesentlich auf. Auch bei diesem Werk handelt es sich um ein letztlich sehr subjektives Unterfangen, das aber gerade ein ganz objektives Unterfangen darstellen und mit dem Menschen verbinden möchte: Das naturwissenschaftliche Weltbild und den eigenen Erkenntnisprozess des Autors, das Weltganze und den einzelnen Menschen. Raoul Schrott wollte sich nach eigener Aussage[1] all dies wunderbare Wissen auch einfach selbst aneignen und will von diesen Erkenntnissen, Einsichten und auch Gefühlen berichten.

Für ihn ist das Verstehen untrennbar mit der Literarisierung, „Lyrisierung", Metaphorisierung und mit dem „In-Bilder-Fassen" im Allgemeinen verbunden. So schreibt er – auch selbst – über das Reisen und „die dort von den Wissenschaftlern gemachten Funde" (Schrott, 2016, S. 23) – explizit die „exemplarische[n] Tokens" (ebd.) –, dass „[j]e näher [er] [...] ihnen kam, desto mehr Realität erlangten sie" (ebd.). Er bemerkt den Mangel an „Sprachformeln, um all die neuen Formen des Wissens auszudrücken" (ebd.), denn das will und muss er: Nur durch den echten, eigenen Kontakt zu den Schauplätzen der Wissenschaft, den Objekten, den Wissenschaftlern selbst wurde ihm das Wissen *erfassbar*; aber noch nicht *begreifbar*, denn das wird es für ihn „erst beim Schreiben" (ebd.). Das Bindeglied in der Denkbewegung vom Er*fassen* zum Be*greifen* ist zumindest für ihn das „Heranschreiben" (ebd.). Der Zugriff auf das Sein erfolgt für ihn (jedenfalls im Lyrischen und hier im Epischen) sehr unmittelbar und präsentisch durch Rhythmus, Bild und vor allem Metapher; eine Position, die zum Beispiel der französische Philosoph Alain Badiou nicht direkt unterschreiben würde. Denn jener schreibt im vierten Abschnitt der Einleitung zu seinem Werk *Das Sein und das Ereignis* im zweiten Unterabschnitt über die „Verführung der poetischen Nähe", dass man sich dem Sein als solchem „eigentlich in keiner Weise annähern kann" (Badiou, 2016, S. 24). Noch könnte man geneigt sein zu denken, er schreibe dies, um in den nächsten Zeilen das Wort „eigentlich" zu relativieren und so dem Poetischen Raum in der Onto- und Epistemologie zu gewähren. Nichts scheint aber dem weiteren Verlauf seiner Denkbewegung ferner zu liegen, denn er fährt mit folgender Passage fort:

> „Das Sein überträgt sich nicht im Rhythmus oder im Bild. Es regiert nicht über die Metapher, es ist der Null-Souverän der Schlussfolgerung. Die poetische Ontologie, die sich – wie die Geschichte – in der Sackgasse eines Präsenzüberschusses befindet, in dem sich das Sein entzieht, ist durch die mathematische Ontologie zu ersetzen, in der sich – durch die Schrift – die Ent-Qualifizierung und die Nichtpräsentation vollziehen. Wie hoch der subjektive Preis auch sein mag, die Philosophie muss, wo es sich um das Sein-als-Sein handelt, die Genealogie der Rede über das Sein – und die mögliche Reflexion seines Wesens – eher bei Cantor, Gödel und Cohen als bei Hölderlin, Trakl oder Celan aufsuchen."
> (Badiou, 2016, S. 24)

Dem entgegen wirkt es aber, als sei ein verstehender Zugriff auf das Sein für Raoul Schrott nur mittels der Tropen, als „bildliche Ausdrucksweisen" (Schrott, 1998, Rückseite des Schutzumschlags) begriffen, und den Rückbezug auf

1 So zum Beispiel in einem Fernsehinterview in der Sendung „druckfrisch" vom 20.11.2016 um 23:35 Uhr im Ersten Deutschen Fernsehen.

Menschliches möglich und würde auch in den Naturwissenschaften – von den NaturwissenschaftlerInnen selbst natürlich im Wesentlichen unbemerkt – letztlich ebenso vonstattengehen. Der Kontrast zu Badious Position sollte hier hergestellt werden, da sich die Wahrheit vielleicht irgendwo im Feld, das von diesen beiden Polen aufgespannt wird, befindet. Wer kann denn mit Sicherheit sagen, dass sich nicht *manche* Facetten des Seins adäquater mathematisch, *manche* poetisch oder gar musisch und *manche* auf eine beide Modi überlagernde Art aussprechen lassen? Und manche auf eine Weise, die zu denken oder fühlen der Mensch noch nicht im Stande ist oder vielleicht niemals sein wird.

Im Vorwort von *Erste Erde* findet sich so auch ein Programmsatz für das Vorhaben, das Raoul Schrott mit dem Epos realisiert; es ist das Heranschreiben an die Architektur des Universums, der Erde, des Lebens und schließlich des Menschen:

> „In sieben biblischen Tagen lässt sich diese abstrakte und vielgestaltige Architektur nicht mehr begreifen, in sieben Jahren aber lassen sich viele ihrer Verstrebungen nachzeichnen und Umrisse erkennen, samt der Silhouetten des Menschen in ihrem Schatten."
> (Schrott, 2016, S. 19)

Erste Erde versteht sich – jedenfalls auch – als kosmogenetisches Epos mit dem Anspruch – zumindest aktueller – kosmologischer Korrektheit. In diesem Kosmos die Entstehung der Erde, die Entwicklung des Lebens und das Verhältnis von Ästhetik, Ethik und Analytik zu untersuchen und dabei auf die alle drei Domänen versöhnende Empfindung des Erhabenen einzugehen, könnte mir nicht mehr am Herzen liegen.

Eine Hommage an die Reichhaltigkeit der Erscheinungen, an die unmittelbare Erfahrbarkeit natur- und geisteswissenschaftlicher Erkenntnisse und genauso deren Untersuchungsgegenstände ist Schrotts Epos. Es steht – ohne Raoul Schrott so etwas wie eine Intention unterstellen zu wollen – sowohl in seiner Genese performativ wie in seiner Endgestalt resultativ – entschieden gegen eine Entdinglichung der Phänomene. Raoul Schrott brauchte den Bezug zu den Dingen. Er bereiste über sieben Jahre hinweg die Erde und besuchte Schlüsseldinge, -körper, -schauplätze der wissenschaftlichen Entfaltung der Erkenntnis über unseren Planeten, unsere Kultur, unser Sonnensystem und das Universum. Er brauchte den echten *Gegen*stand, „denn ohne Gegen fällt man hart auf sich selbst" (Han, 2016, S. 60).

Gleichzeitig sucht *Erste Erde* neben aller Direktheit und aller auratischer Momente auch das Erhabene der Erkenntnisse über die Welt einzufangen und zu vermitteln; und dass neben aller Unmittelbarmachung der – genauer: wohl meist Schrotts – Erfahrungen auch das Pathos adressiert wird, scheint nicht Zufall, sondern eher Kalkulation hinter dieser Textproduktion zu sein.

Schiller formulierte in seiner kurzen Zusammenfassung einer eigenen Geistesbewegung, die von einer Lektüre der Kantschen „Kritik der Urteilskraft" ausging und in eine Dramentheorie mündete, dass die „Vorstellung eines fremden Leidens, verbunden mit Affekt und mit dem Bewußtseyn unsrer innern moralischen Freyheit“ das „Pathetischerhaben[e]“ sei (Schiller, 1801, S. 65). Er bemerkte darüber hinaus an anderer Stelle (diesmal zusammen mit Goethe), dass das epische Gedicht „eine gewisse sinnliche Breite forder[e]“, dass es vom *„außer sich wirkenden“* Menschen handelt und dass der tragische Text im Gegensatz dazu den *„nach innen geführten* Menschen“ darstelle (Schiller, 1801, S. 118 f.). Schrotts Epos ist also in gewissem Sinne beides: nicht nur Epos, sondern auch Tragödie; kurz: ein Text, der ganz nach Manier der Gegenwartsliteratur mit Gattungen spielt und ihre klassischen Grenzen zwar kennt, sie aber von Zeit zu Zeit sprengt, auch um eine – nicht nur, aber wesentlich auch – pathetisch-erhabene Erfahrung eines auf den ersten Blick vielleicht ganz unmenschlichen (a-menschlichen?) Themas zu ermöglichen.

Zwar in Bezug auf eine konkrete, aber doch stellvertretend für viele Aussagen, Strukturen und Meinungen in der modernen Physik, attestiert Erwin Schrödinger, „[m]an muß sich hüten, diese Meinung deshalb zu kritisieren, weil sie so schwer auszusprechen ist; das liegt an unserer Sprache“ (Schrödinger, 1935), und weiter: „Dem Wortlaut nach beziehen sich alle Aussagen auf das anschauliche Modell. Die wertvollen Aussagen sind an ihm wenig anschaulich und seine anschaulichen Merkmale sind von geringem Wert“ (ebd.). Es scheint, als hätte Raoul Schrott sich nicht nur vorgenommen, diesen Mangel an Anschaulichkeit zu beheben, sondern mehr: Das Wissen wieder mit der Erfahrung und Schönheit anzureichern und zu tradieren, die eigentlich *auch wesentlich* für es ist.[2] „Erfahrung“ im Sinne Benjamins (Benjamin, 1936, vgl. S. 386 ff.); „Schönheit“ im Sinne Hegels; deduktiv und induktiv, metaphysisch und konkret, theoretisch und experimentell: „Der philosophische Begriff des Schönen, um seine wahre Natur vorläufig wenigstens anzudeuten, muß die beiden [...] Extreme in sich vermittelt enthalten, indem er die metaphysische Allgemeinheit mit der Bestimmtheit realer Besonderheiten vereinigt. Erst so ist er an und für sich in seiner Wahrheit gefaßt“ (Hegel, 1835, S. 39).

So ist auch der Weg dieser Arbeit vorgezeichnet: Diesen einleitenden Gedanken folgt ein Abriss der Handlung und auf diesen die begriffsbestimmenden Abschnitte zum Epischen und Erhabenen, die aber zugleich schon analysierend auf die Gesänge zu den konkreten (erhabenen?) Literarisierungen des Erhabenen zulaufen. Die daraus resultierende Denkbewegung gleicht einem Zoom immer weiter in den Text hinein. Das letzte Kapitel fokussiert wieder nicht nur

[2] „Anzureichern“ ist noch nicht ganz treffend: Denn zumindest vom Ansatz her sollen hier Schönheit und Erfahrung des Wissens nicht nachträglich in einem konstruktiven Sinne hinzugedichtet, sondern eher heraus-präpariert, wieder aufgefunden und aktualisiert werden. Ob dies Raoul Schrott gelingt oder nicht doch einige Anreicherungen eher *gemacht* oder gewollt als aufgefunden und verarbeitet sind, stellt andere untersuchenswerte Fragen dar.

auf das einzelne Wort, sondern hat kritisch das ganze Epos hinsichtlich zweier möglicher Gefahren für das Erhabene im Blick. Diese Arbeit versteht sich außerdem wesentlich als interdisziplinäre: Sie ist keine philologische, keine philosophische und auch keine naturwissenschaftliche allein. Sie versucht sich aus dem Überlapp aller drei Disziplinen heraus an einem Zugriff auf das Epos.

Das Vorhaben dieser Arbeit ist, der *sprachlichen* Verfasstheit der Empfindung des Erhabenen naturwissenschaftlicher Erkenntnis in Raoul Schrotts Epos *Erste Erde* als Indiz für die Verschränkung von Ästhetik, Ethik und Naturwissen und so dem erzählerischen Transport von Erfahrung aus der Domäne naturwissenschaftlichen Wissens in den Leser anhand einiger Beispiele nachzugehen.

Harte Brüche – Abriss der Handlung

„Je tiefer man in ein lebendiges Ganzes, sei es nun Mensch,
Kunstwerk oder Buch, einzugehen das Glück hat,
desto tiefer fühlt man die Unzulänglichkeit des Redens.
Die Worte geben nicht den Sinn, sie umgeben ihn nur."
— Ernst von Feuchtersleben (*Blätter aus dem Tagebuch eines Einsamen*, 1851)

„Zwei Menschen sind immer zwei Extreme."
— Friedrich Hebbel (*Tagebücher*, 1835-63)

Eine Zusammenfassung einer Handlung gemäß der gängigen Form eines Epos lässt sich nur schwer angeben, da sich sehr viele Episoden in *Erste Erde* finden, die in ihrer Gesamtheit eben gerade keiner durchgängigen Handlungsentwicklung folgen. Selbst die einzelnen Handlungsstränge sind relativ kurz und fragmentarisch. Sie durchziehen nicht das gesamte Epos und haben (bis auf wenige Ausnahmen) an der Oberfläche fast nichts mit einander zu tun. Innere Bezüge zueinander, von denen die einzelnen Episoden durchaus eine Vielzahl enthalten, dienen aber schwerlich für eine Angabe der Handlung, wie es von zum Beispiel den antiken Epen wie Homers *Odyssee* und *Ilias* über die mittelalterlichen wie der *Edda* bis hin zu Goethes *Reinecke Fuchs* zwar mit Fleiß aber prinzipiell leicht möglich ist. Eine wichtige Ausnahme bilden Ovids *Metamorphosen*, die *Bücher der Verwandlungen* (lat. Metamorphoseon libri), wie sie eigentlich heißen. Sie bilden auch eher eine Sammlung vieler Verwandlungsgeschichten, die sich in ihrer Gesamtheit die Bezeichnung „Epos" durch den Hexameter, das Versmaß, in dem sie abgefasst sind, und den inhaltlichen Zusammenhalt, der Beschreibung der Kosmogenese und Weltgeschichte durch die Verarbeitung römischer und griechischer Mythen, verdient haben.[3, 4]

Die einzige „Handlung" im Fall von *Erste Erde*, die einen inhaltlichen Zusammenhalt spendet, ist die Entfaltungsgeschichte unseres Naturwissens. Dies ist aber genauso ein das Leseerlebnis, wie auch eine klassisch-epische Handlungsangabe erschwerender Aspekt des Textes: Äußerst viel naturwissenschaftliches, kulturwissenschaftliches und geisteswissenschaftliches Wissen wird durch „Minimalhandlungen" eher *gerahmt*. Zwar ist das Epos von Episoden durchzogen, in denen sich der Autor in das Epos projiziert und so quasi selbst spricht. Von diesen wird es als Gesamtgefüge nicht besser zusammengehalten. Es ten-

3 Zumindest im Sinne eines antiken Epos.

4 Lukrez' Lehrgedicht *De rerum natura* ist von anderer Natur als die genannten Epen. Es soll hier auch nicht Pate für den Epenbegriff hinter *Erste Erde* stehen, da sie weit mehr ist als ein Lehrgedicht. Das Wesentliche an Schrotts Epos bringt sie eher näher an die Erfahrung transportierenden Heldenepen (siehe *Zum Mehrwert des epischen Gestus* ab Seite 23 in dieser Arbeit).

diert so, zu einer gedichteten Enzyklopädie zu zerbröseln. Nichtsdestotrotz ist der Text so umfassend, dass sich ein kurzer Abriss der verschiedenen über den Globus verteilten Orte, an denen erzählt wird, der auftretenden Personen und letztlich der naturwissenschaftlichen Gehalte, die hier zur Handlung gemacht werden, lohnt.

* * *

Die schwangere Ahellegen Moore besichtigt mit ihrem Mann George Allan Moore die unterirdischen Glühwürmchen-Höhlen von Waitomo. Durch sie wird der letzte große Schöpfungsmythos, der von den Māori stammt und erst Mitte des 19. Jahrhunderts in der präsentierten Form erdacht wurde, erzählt.

Um zu entscheiden, ob sich auf dem Gipfel des Cerro Armazones sinnvoll das dann größte Spiegelteleskop der Welt bauen lässt, ist George mit den beiden Astronomen Nagayoshi Li aus Taiwan und Michael Höss aus Deutschland in die Atacama-Wüste gereist.

Zu dritt verbringen sie die Jahreswende von 2009 auf 2010 in Chile auf dem Weg zum Observatorium in Paranal. Dabei erzählt Nagayoshi von seiner Liebe zu einer chinesischen Frau vom Festland und webt dabei den Vorgang der Planetenentstehung ebenso wie typische Vorurteils- und Konfliktstrukturen, die ihm im Laufe der Zeit immer wieder begegneten, ein. Darüber hinaus lässt er einen pekinesischen Sternenwärter aus dem elften Jahrhundert zu Wort kommen, der Supernovae beobachtet; Explosionen am Ende der „Lebenszyklen" von Sternen – natürlich ohne sie damals als solche konzipiert zu haben.

Michael erzählt am Morgen des Neujahrstages von Meteoriten, ihrer Rolle bei der Entstehung unseres Sonnensystems, aber auch von ihrem symbolischen Moment. Detlev Orloff spricht von den verschiedensten mathematischen und physikalischen Prinzipien, Einsichten und Gesetzen, deren Realisierungen auf seinen Bildern zu sehen sind, die selbst wiederum auf einer Ausstellung in Essen zu bestaunen sind.

In der nächsten Episode erklärt die autofiktionale Erzählinstanz „Raoul Schrott" selbst seiner Tochter die Planetenentstehung und die zum Teil harschen Kollisionsprozesse im jungen Sonnensystem, während sie Silvester 2010 den aktiven äthiopischen Vulkan Erta Alé besteigen.

Wieder ein Jahr später, also 2011, nimmt die Schriftstellerin Martina Guiliani aus Berlin zusammen mit einem befreundeten Arzt und einem Inuit-Führer in Kanada an einer Expedition zu einer Insel, auf der man das älteste noch erhalten gebliebene Gestein *mit eigenen Händen anfassen* kann, teil. Bei der Reise geraten sie in Stromschnellen und verlieren ihre Nahrungsmittel, ihr Kartenmaterial und eine Waffe. Sie erreichen auch den Treffpunkt nicht, von dem aus sie abgeholt werden sollten. Schließlich müssen sie mit einem Flugzeug gesucht werden, das sie auch tatsächlich findet und zurückbringt.

Der aus Schottland stammende Landschaftsarchitekt Carl Jenk, der am Teilchenphysik-Forschungsinstitut CERN einen kosmologischen Park angelegt hat, ist das Sprachrohr, durch das die rauen Prozesse der jungen Erde und des Mondes bis hin zum letzten „Großen Bombardement" durch Kometen- und Asteroidenschauer besungen werden. Er hat auch um eine Kathedrale einen solchen Park angelegt und will die Eindrücke der gewaltigen Einschläge in einem Triptychon mittels Glasmalerei umsetzen. Dies ist eines der vielen Beispiele dafür, dass *Erste Erde* nicht nur ein Panoptikum der naturwissenschaftlichen Disziplinen und Denkmuster, sondern auch der verschiedensten Formen der Wissenschaftskommunikation und -präsentation ist.

Wieder erzählt die autofiktionale Erzählerinstanz „Raoul Schrott" auf der Folie des Quellwassers der Hippokrene auf dem Helikon in Griechenland die Entstehung der ersten biochemischen Moleküle. Die angelegte Parallele zwischen Dichtung und Leben, die hier beide als aus dem Wasser entstehend verortet werden, wird weitergesponnen und so werden zum Beispiel Worte und Zellen analogisiert.

Auf Island erzählt der einheimische Vulkanologe Einar Sigursson nicht nur einen orphischen Schöpfungsmythos, sondern anhand der Exponate seines Museums in Stykkisholmur auch viel über die Chemie der Geologie, die Entstehung der verschiedenen Gesteinssorten, dass unser Sonnensystem aus den Resten einer Sonnenexplosion entstanden sein muss und vom gegenseitigen aufeinander bezogenen Sein der Minerale und des Lebens.

An einer seiner Exkursionen im Jahr 2014 nimmt die holländische Chemikerin Karen Lender teil, die kurz vor einer ernsten Operation steht, nachdem Brustkrebs bei ihr diagnostiziert wurde. Die Theorien der Entstehung des Lebens in heißen Quellen am Meeresgrund werden ebenso wie Gedanken über die Chemie des Lebens an sich und die Entstehung von Krebs an der Exkursion entfaltet.

Einar betont die Rolle des Phosphors und berichtet anhand der Geschichte des Alchemisten und Forschers Henning Brand sowohl über die Bedeutung des Elementes als auch über seine Gewinnung und Entdeckung.

Die nächste Episode wird wieder vom autofiktionalen Erzähler selbst vorgetragen. Die Figur Raoul Schrott bestaunt die Architektur der Stadt Batumis am Schwarzen Meer in Georgien und besingt durch sie inspiriert auch die Architektur des Lebens: Zuerst das Gefüge der Elemente aus den Bausteinen Protonen, Neutronen und Elektronen und wie sie das ganze Periodensystem bilden; und davon ausgehend, wie die Moleküle bis hin zur RNA und DNA den Aufbau aller Lebewesen kodieren.

Auch der Erzähler des nächsten Abschnitts ist der Autor selbst, der diesmal zu den ältesten Fossilien reist. Dazu startet er auf den Kermadec Inseln (Neuseeland) und besucht nun über die Jack Hills kommend die Shark Bay Westaustraliens. Über ein Lokalblatt erfährt der autofiktionale Erzähler – und mit ihm der

Leser – von den Schöpfungsvorstellungen der Aborigines. Mit diesem Ort sind die naturwissenschaftlichen Vorstellungen über die Bedingungen des ersten Lebens verbunden: Zum Beispiel die Entstehung der Luft in ihrer groben Zusammensetzung, wie sie auch heute noch von unzähligen Lebewesen geatmet wird.

Das Wissen über das Aufkommen verschiedener Geschlechter, von Sex, Familie und Tod in der Natur wird in inneren Zwiegesprächen der pensionierten Mikrobiologin Mary McCallum mit ihrem verstorbenen Mann vorgetragen. Sie sitzt in einer Londoner U-Bahn-Station, um dort die Ansagestimme ihres Mannes hören zu können. Sie entspinnt ihre naturwissenschaftliche Narration um die Kragengeißler, deren Flimmerhärchen eine essentielle Rolle bei der Entstehung der Nerven, der Sinneszellen, aber genauso auch der Eileiter und Spermien spielten.

Erneut ergreift die Figur Raoul Schrott das Wort, aber diesmal zusammen mit dem nicht-fiktiven deutschen Wissenschaftler Christian Gottfried Ehrenberg. Gemeinsam wird erst über die Biolumineszenz berichtet, dann einzeln von Ehrenberg über seine Entdeckung des Escherichia coli Bakteriums in Ägypten und – wieder zurück – in Berlin von mikroskopischen Urlebewesen, sogenannten Protisten, und Algen; unter anderem auch, wie sie Teppiche bilden: sogenanntes Meteorpapier. Der autofiktionale Erzähler Schrott rundet den Abschnitt durch eine Passage über das Meeresleuchten, viele kleine Portraits von Forschern, die thematisch Verwandtes beitrugen und einigen Versen zur Omnipräsenz des Topos und Phänomens Licht ab.

In Schottland schwelgt er in Gedanken über die Bedeutung des Eises, des Aufkommens der Eiszeiten, des Zusammenspiels von Wasser, Eis und Sauerstoff und so auch der Entstehung der pro- und eukaryontischen Zellen.

Eine neue Gestalt tritt auf: der französische Augenarzt Yves Marengo, dessen Frau, eine deutsche Schauspielerin, 2013 Suizid beging. Er verarbeitet seine Trauer, indem er eine fiktive Autopsie seiner toten Frau schreibt, anhand der die Architektur unseres Körpers dargelegt wird. Yves befindet sich zuerst in Ägypten, dann in Frankreich und Kanada und letztlich in Marokko. Bei jeder Station werden neue Facetten des menschlichen Körpers illustriert; von den Gliedern, über die Muskeln, bis hin zu den Augen.

Die Figur Raoul Schrott lässt erst in der jetzigen Wahlheimat des Autors, Bregenzerwald (Österreich), und dann auf einer Irland-Reise den Botaniker Thomas Amann anhand der Geschichte dessen letztlich an einer Totgeburt gescheiterten Ehe die Eroberung des Landes durch das Leben erzählen. Gletscher und alpine Seen sind hierfür die Assoziationsquellen.

Erneut spricht der Autor selbst über eine Reise von den Vereinigten Staaten hinüber nach Kanada in den Miguasha National Park. In einem zugehörigen Museum entfaltet sich an den Exponaten Wissen über die ersten Landlebewesen und Wirbeltiere, ihre Emanzipation von ihren maritimen Vorfahren und auch über unsere Wurzeln in diesen. Es zeichnet sich ab, dass der Rückbezug auf uns Menschen wesentlich für *Erste Erde* zu sein scheint: Entweder wird etwas letztlich im Menschen verortet oder der Mensch irgend worin.

Wiederum spricht ein realer Wissenschaftler, der österreichische Zoologe und Naturforscher Johann Natterer, der nach einer Expedition für Kaiser Franz I. in Brasilien hängenbleibt und für ein geplantes Museum dort Pflanzen und Tiere des Amazonasgebiets sammelt. Darwinistische Ideen und weiteres Wissen über die Entstehungsgeschichte mehrerer Körperteile wie Elle und Speiche finden sich hier eingewoben. Es kommen auch die Zoologen Leopold „Johann" Fitzinger, Wien, Richard Owen, London, Richard Swann von der Yale-Universität, New Haven, und Neil Jenkins aus Kanada zu Wort, bis die Zergliederung in Reptilien, Vögel und Säugetiere vorgetragen ist.

Zofia Kalin-Halzska, eine emeritierte Zoologie-Professorin aus Polen, berichtet erst über ihre Heimat Polen und dann über Expeditionen in die Mongolei und Mexiko. Ihre Erzählung über das eigene Leben ist mit einer über das Leben im Allgemeinen verwoben: Ihr Fachgebiet ist unter anderem die Ausbildung der Milchdrüsen und das Aufkommen der Warmblüter. Sie erzählt ihre teils grausame Geschichte einem Reporter. Bedeutende Ereignisse wie der Besuch des Kraters, der wohl durch den Einschlag des Asteroiden, der die Saurier ausrottete, entstand, bis hin zu ihrer Vergewaltigung durch einen polnisch stämmigen SS-Soldaten sind Teil ihrer Erzählung. Ein Jahr nach dem Interview stirbt sie.

Nach dem Rückflug von Grönland landet die Figur Schrott in Innsbruck und kleidet in eine Landschaftsbeschreibung von Tirol und Vorarlberg, seiner Heimat, die Erkenntnisse über die Geologie der Alpen im Speziellen und der „Gestaltungsformen der Erde" im Allgemeinen.

Das Zusammenspiel der Verhaltensforscherin Anja Magall aus Deutschland und dem Schweizer Konzernvorstand Christopher Suddendorff, die sich zwar auch im Leipziger Zoo treffen, aber wegen der Distanz auch oft zwischen Zürich und Leipzig Briefe (oder E-Mails) schreiben, bildet die Folie, auf der wissenschaftliche Vorstellungen über menschliche Verletzlichkeit genauso wie über Machtwillen, Gruppendynamik und Sexualverhalten eröffnet werden.

Der autofiktionale Erzähler Raoul Schrott spannt im nächsten Abschnitt wieder selbst, aber zusammen mit dem Paläontologen Fidelis Masao, anhand von Expeditionen in Äthiopien und Tansania zu den ersten Hominiden-Ausgrabungsstätten den Bogen vom Aufkommen des aufrechten Ganges bis hin zu den ältesten Funden von Symbolen, die der Mensch produzierte.

Die Entwicklung des Homo erectus zum kulturellen „Superorganismus" der Zivilisation wird von der amerikanischen Kunsthistorikerin Frances Wolfs von Ausstellungsstücken in ihrem New Yorker „Alternativen Museum" ausgehend erzählt. Die Bilder stellen dar, was nach einer Volksbefragung im statistischen Mittel am ehesten gesehen werden wollte. Unter anderem werden auch Erkenntnisse über Frühmenschen in der Kaukasus-Region in Frances Wolfs' eigene Familiengeschichte integriert. So ist zum Beispiel ihre Mutter aus Georgien geflohen, worüber der lokale Bezug zu den wissenschaftlichen Inhalten hergestellt wird.

Grundfragen über die Entstehung der Schrift, die ersten Bilder und ihre vielleicht metaphysische, vielleicht reale Bedeutung werden in den Erzählungen Heinrich Siffers, eines deutschen Archäologen, reflektiert. Er betreibt 2015 in Höhlen in Deutschland, Frankreich, Spanien und Österreich nicht nur Archäologie, sondern auch Untersuchungen über den Einfluss der absoluten Dunkelheit und Einsamkeit auf sein Körper- und Zeitgefühl, nachdem er kurz zuvor durch den Tod seiner Frau buchstäblich aus dem Gleichgewicht geriet. Auch das Aufkommen von Kunst und Religion wird hier in den Höhlenmalereien verortet.

Das Buch schließt mit den Worten der Figur Schrotts, die erneut daheim ist, um dort das Gefühl einer gewissen Distanz und Gleichgültigkeit der Heimat gegenüber zu bemerken. Gleichzeitig drückt sie aus, wie viel zum Beispiel in den Ortsbezeichnungen versteckt liegt, und im selben Atemzug, wie unzureichend aber alle Benennung scheint. Das Epos endet so wieder im Namenlosen der unmittelbaren Empfindung, die nach aller sozialen, ästhetischen und wissenschaftlichen Erfahrung der 650 vorangehenden Seiten immer noch etwas Hartes und Fremdes, aber durchaus Authentisches behalten hat.

Zum Mehrwert des epischen Gestus

„Das Absolute soll nicht begriffen, sondern gefühlt und angeschaut, nicht sein Begriff, sondern sein Gefühl und Anschauung sollen das Wort führen und ausgesprochen werden."

— *G. W. F. Hegel* (Phänomenologie des Geistes, 1807)

„Es kommt weniger darauf an, *was* als *wie* man weiß."

— *Ernst von Feuchtersleben* (Blätter aus dem Tagebuch eines Einsamen, 1851)

Dass *Erste Erde* als ein Epos gedacht ist und so aufgefasst werden will, wird durch Typografie und Text des vollständigen Titels (vorderer Buchdeckel)

ERSTE ERDE
EPOS

klar gesetzt. Raoul Schrott, der – wie bereits die haptische und typografische Gestaltung seines Gedichtbandes *Makame* (Schrott, 1989) zeigt – schon früh in seiner Karriere Wert auf die „externe Gestaltung" seiner Texte legte, hatte offensichtlich auch in *Erste Erde* großen Einfluss auf Typografie, Textsatz und Druck (wie schon ein einmaliges Durchblättern des Buches augenscheinlich offenbart). Sehr wahrscheinlich überließ er auch die Entscheidung, wie sein Werk eigentlich heißt, und dass sich die Textgattung mit in den Titel eingegliedert findet, nicht dem Carl Hanser Verlag. „Epos" steht nicht klein (wie oft „Roman") irgendwo auf dem vorderen Buchdeckel oder lediglich dem Buchrücken, sondern wie auch „Erste Erde" in Majuskeln, gleicher Schriftart und -größe direkt im Titel und wird auf gleiche Weise auf der eigentlichen (in das Buch gebunden) Titelseite wiederholt.[5] Das Werk als Epos zu markieren, scheint wichtig – und nötig?.

Inwieweit *Erste Erde* aber wirklich ein Epos ist und vor allem, warum es in der Tiefe angebracht ist, dass sie eines sein will, ist die interessantere Frage. Dieser Abschnitt soll zwar den Begriff des Epos auch an sich klären, aber vielmehr in Richtung seiner kognitiven und pragmatischen Funktion für uns Menschen fragen. Dass es sich bei *Erste Erde* – unter anderem – um ein Epos handelt, hat wesentlich mit ihrem spezifischen Zugang zur und Umgang mit der Literarisierung naturwissenschaftlicher Erkenntnis und all dem, was damit einhergeht, zu tun.

[5] Im März 2018 erschien neben der Hardcover-Ausgabe eine Softcover-Taschenbuch-Ausgabe von *Erste Erde* beim Deutschen Taschenbuch Verlag. Diese weist dieselbe Gestaltung des Titels auf.

* * *

Zu den ältesten Epen zählen die beiden homerischen, die *Ilias* und die *Odyssee*, sowie Hesiods *Theogonie*. Neben der *Aeneis* Vergils, Ovids *Metamorphosen*, der altisländischen *Edda* und dem *Nibelungenlied* reicht eine Vielzahl weiterer Beispiele bis hin zu Goethes *Reinecke Fuchs* oder Heines *Atta Troll*. Die verschiedenen heiligen Schriften (wie die Bibel, der Koran oder die Veden) werden von Zeit zu Zeit auch als Epen gewertet; ein Umstand, der zum Teil in ihrer häufigen Abgefasstheit in Versen und der Verarbeitung sagenhafter Stoffe begründet liegt. In ihrer religionsstiftenden normativen Funktion unterscheiden sie sich aber deutlich von den eigentlichen Epen; sie sind *auch* – aber zumindest aus religiöser Sicht nicht wesentlich nur – Literatur. Vor allem bei Werken, die dem westlichen Kulturraum auf immer mehr Ebenen immer fremder werden (zeitlich, geografisch, kulturell, ...), ist höchste Vorsicht geboten, denn es lässt sich kein leichter Grund anführen, warum der durch und durch in der westlichen Denktradition stehende Begriff des Epos diese Texte nicht beschneiden würde und stattdessen in irgendeiner Weise gerecht werden könnte. Sehr wohl können aber Werke der sogenannten Bibelepik und biblisch inspirierte Verserzählungen zu den Epen gezählt werden: zum Beispiel Klopstocks *Der Messias* und – wohl mit am bekanntesten – Dantes *La divina Commedia*.

Was eint nun all jene Beispiele? Diese Frage ist durchaus auch ex negativo beantwortbar, da es vorkommt, dass Gattungsmerkmale bewusst verkehrt werden, wie zum Beispiel im Fall des listigen Fuchses in *Reinecke Fuchs*, der eher ein „Anti-Held“ ist (sowie auch des Tanzbären Atta Trolls und seiner Frau Mumma in *Atta Troll*). Was ist zumindest für eine große Klasse der als Epen geltenden Werke wesentlich? Ist Raoul Schrott (als Übersetzer der *Ilias*, der *Theogonie* und auch weiterer antiker nicht-epischer Werke) den altgriechischen näher als den jüngeren Epen?

Der Begriff „Epos“ geht auf das altgriechische Wort ἔπος (épos) zurück, das über die frühe Form ϝέπος (wépos) und als Substantivierung (-ος) von der proto-indoeuropäischen Wurzel „*wekw-“ (sagen, reden, sprechen, austönen[6]) ausgeht. So handelt es sich, soweit rekonstruierbar, erst einmal schlicht um etwas Gesprochenes, Gesagtes, eine Sage; eventuell mit einer musikalischen Konnotation. Ἔπος (Épos) wird so auch, seit es schriftlich fixiert ist (und damit erst wirklich nachvollziehbar), im Sinne von „erzählendes Langgedicht“, „(einzelner) Vers“, „(Helden-)Sage“ verwendet. Darüber hinaus ist der (zumeist) daktylische Hexameter in stichischer Reihung kennzeichnend (Ziegler und Sontheimer, 1967, vgl. S. 332): Das heißt, in allen Versen (stichisch) treten also sechs Versfüße (hexametrisch) auf, die meist eine lange (im Fall akzentuierender Metrik: betonte) und dann zwei kurze (nicht betonte) Silben aufweisen (dakty-

---

[6] Im *Etymological Dictionary of Proto-Germanic* findet sich unter „*wekw-“ neben „to speak“ auch die englische Bildung „to sound out“ (Kroonen, 2013).

lisch) oder auch zwei betonte (lange) Silben als die Teile eines Versfußes, also der kleinsten sich wiederholenden metrischen Einheit eines Verses (Cancik und Schneider, 1998, vgl. S. 11 ff.).

In Schrotts Epos hingegen ist dem nicht so. Vielmehr tritt eine Vielzahl eher lyrischer denn epischer Strukturen auf: Von gereimten, zumindest „ähnlich viel-hebigen“ (und in diesem Sinne stichischen) Versen, die aber in Strophen gegliedert auftreten, (Schrott, 2016, vgl. z. B. S. 50 ff.) bis hin zu fast konkreter Poesie wie im Kapitel *Steinernes Meer* (Schrott, 2016, vgl. z. B. S. 213 ff.). Auch wenn immer modernere Formen von Epen immer mehr vom Diktat des Hexameters und (astrophisch) von stichischer Reihung abweichen, sind die großen, bekannten Vertreter der Epik dann zumindest in ihrer Abweichung von der Formstrenge eines Homers oder Vergils intern konsistent. So ist *Atta Troll* zum Beispiel durchweg in Strophen mit vier Versen gegliedert, die jeweils vierhebig sind, und Dantes *La divina Commedia* stichisch hendekasyllabisch, also durchweg in elfsilbige sich reimende Verse gegliedert, ohne in Strophen unterteilt zu sein. Schrott mischt Formen und Untergliederungsarten: Passagenweise schreibt er in kurzen, dann wieder in langen Versen, die sich an anderer Stelle im Epos reimen und dann wieder nicht. Er dichtet einmal metrisch gebundener und dann wieder weit weniger. Manchmal lässt er seinem Textsatz eine besondere Form angedeihen oder schreibt im Blocksatz. Diese Heterogenität, die beim Lesen leicht zu einer kognitiven Überforderung führen kann, fällt dagegen in der Hörbuch-Version gar nicht mehr wirklich auf. Solch eine Heterogenität hat aber den Vorteil, dass einfach noch mehr Register gezogen werden können: Klanglängen, Tonhöhen, Melodik, Geräuschcharakter der Laute, Textsatz, Reimschemata ... In ihrem Auftreten und in ihrer Ermangelung können so auf anderer Ebene die gleichen oder (kontrastierend) andere Geschichten erzählt werden, als es auf der rein semantischen Ebene möglich ist.

Hervorzuheben ist jedoch noch einmal die durchweg ge- und verdichtete Sprache von *Erste Erde* mit ihrem freieren (nicht in Form eines strengen Versmaßes), aber dennoch poetischen Sprachduktus und einer bisweilen unauffällig fließenden und dann wieder komplexen, manchmal stockenden Sprachmelodie. Sich nicht streng an ein Versmaß, vor allem nicht den deutschen akzentuierenden Hexameter zu binden, war schon in Schrotts Ilias-Übersetzung Programm. In einem Interview mit dem Kultursoziologen Thomas Wagner antwortete Schrott auf die Frage, was die Hauptschwierigkeit beim Übersetzen der Ilias gewesen sei:

> „Ein großes Problem ist die Übertragung des Hexameters. Anders als viele glauben, erreicht man nämlich gerade keine Texttreue, wenn man den griechischen Hexameter mit dem deutschen Hexameter wiedergibt. Der griechische Hexameter besteht aus drei verschiedenen Ebenen: Erstens aus Tonhöhen. Man hat ihn gesungen in C, F und G. Zweitens geht es um die Tonlänge. Die Silben waren unterschiedlich lang. Darunter lag ganz diskret der Taktschlag. Heute singen wir Poesie nicht mehr. Wir unterscheiden auch nicht zwischen langen und kurzen Silben, sondern nurmehr zwischen dem Takt-

> schlag. Das Betonte und das Unbetonte kennzeichnet die deutsche Sprache. Ein dynamisches Klangereignis wie die Ilias kann aber nicht in einem monotonen Di, da, da. Di, da, da. Di, da, da wiedergegeben werden. [...] Ich habe versucht, eine musikalische Spannung zu erzeugen, indem die Zeilen mal länger und mal breiter, mal largo, mal mehr allegro sind."
> (Wagner, 2009).

Das für Schrott Wesentliche des altgriechischen Hexameter Homers wird laut ihm von einem starren, deutschen, akzentuierenden Vermaß also nicht eingeholt und ist poetisch zu unterkomplex. So handelt es sich auch in *Erste Erde* keineswegs um einfach zu Versen umgebrochene populärwissenschaftliche Prosa, sondern um lange erzählende Dichtung; Dichtung in einem ganz reichhaltigen, musikalischen Sinne! Hier misst das Maß in „Vers*maß*" nicht nur Längen oder Betonungen, sondern die gesamte – wenn auch dezente – Musikalität, die einen Vers auch durch Sprachmelodie oder Geräusche (wie bei Onomatopöien) zu einem „dynamischen Klangereignis" machen können. Die Heterogenität der Stile birgt aber neben dem Vorzug, mehr Register ziehen zu können, den vermeintlichen Nachteil lähmender Überforderung. Man könnte meinen, dass der monotone Hexameter ebenso ermüdend wirken kann. Doch ist man einmal in ihn hineingekommen, kann er flüssig durch den Text tragen. In Bezug auf den deutschen Hexameter konstatiert Thomas Mann (selbst hexametrisch):

> „Zwischen Gesang und verständigem Wort hält er wohlig die Mitte,
> Festlich und nüchtern zugleich. Die Leidenschaften zu malen,
> Innere Dinge zu scheiden, spitzfindig, taugt er nicht eben.
> Aber die äußere Welt, die besonnte, in sinnlicher Anmut
> Abzuspiegeln in seinem Gekräusel, ist recht er geschaffen."
> (Mann, 1981, S. 103)

Als Leser von *Erste Erde* muss man permanent Aufmerksamkeit und Konzentration auf vielen Kanälen aufbringen, da man sonst Gefahr läuft, auf irgendeiner der Ebenen etwas zu verpassen. Der Text muss im Geist zum Klingen gebracht werden, im Klang dann die verschiedenen akustischen Register ausgelesen werden; optisch muss der Textsatz analysiert, die eigenwillige Orthografie und Interpunktion aufgenommen und der Sinn des Satzes verstanden werden, um dann wiederum ein stimmiges Gesamtbild aus allem zusammenzusetzen. Das Resultat ist, dass man *Erste Erde* nicht lange am Stück lesen kann, da ihre Machart den Leser zwingt, sie in wohlportionierten Bissen zu genießen. Daher handelt es sich vielleicht nur vermeintlich um einen Nachteil, denn so erzwingt der Text eine bewusste Lektüre. Jedenfalls qualifiziert sich in diesen weiteren Begriffen von Versmaß und Epos *Erste Erde* also sicherlich auch als ein solches; wenn auch entschieden als ein modernes Epos.

Sieht man in den zahlreichen Figuren von *Erste Erde* Helden oder Antihelden der Wissenschaftsgeschichte, erfüllen Epen auch das Kriterium, „typ. Szenen wie Hochzeit, Leichenspiel, Rüstung, Zweikampf u. a." zu verhandeln (Ziegler und Sontheimer, 1967, S. 332). Diese für Epen typischen Szenen treten in abgewandelter oder analogisierter Version auf: Die Frage nach dem gemeinsamen Leben trotz akademischer Karriere, der Leichenkult der Māori, Trauer(arbeit), Rüstung zu wissenschaftlichen Disputen, Vergewaltigung und viele mehr.

Ein weiteres Merkmal ist das häufige Auftreten (sich auch oft wiederholender) schmückender Beiwörter, den Epitheta ornantia. Wird in der Odyssee Odysseus meist noch mit „listig" geschmückt oder von der „rosenfingrigen Eos" gesungen, kommen bei Schrott auch auffallend oft seltene Attribute wie „gleissend", „glosend" (Schrott, 2016, z. B. S. 50 ff.) und „aufschimmernd" (Schrott, 2016, z. B. S. 217) vor. Auch wenn ihr Auftreten das gesamte Buch durchzieht, treten sie bei Weitem nicht so häufig wie die Epitheta bei Homer auf. Die Tendenz zum Ausschmücken durch Epitheta klingt aber also durchaus an. Es häufen sich auch „Anti-Ausschmückungen" wie „bloss"[7], das über 150 Mal im Epos auftritt.

Folgt man dem *Historischen Wörterbuch der Rhetorik* bei der Trennung eines Romans von einem Epos, dann besteht diese nicht nur darin, dass ersterer nicht in Versen abgefasst ist und letzteres schon, sondern auch darin, dass der Roman „vielmehr einen subjektiven Weltausschnitt im Kontrast zur objektiveren Totalität in der Weltspiegelung des Epos" darstellt (Ueding, 1996, S. 752 f.).

Gerade objektiv-totalitäre Weltspiegelung hat Schrotts Werk zum Programm. Gleichzeitig ist es aber auch kraft seiner fragmentarischen Struktur und der damit einhergehenden Polyphonie der verschiedensten Wissenschaftler, wissenschaftsnahen Figuren und der Figur Raoul Schrotts – alle gerade auch als *Privat*personen – Darstellung subjektiver Weltausschnitte: Es ist zum Teil also beides, aber nichts davon eindeutig. Ein Beispiel für Schicksale und Gefühle in ihrer Zeitlichkeit und Offenheit ist der wohl vielen Paaren, in denen mindestens einer von beiden einen akademischen Beruf ausübt oder auszuüben plant, belastende Spagat der Moores zwischen wissenschaftlicher Passion und Karriere auf der einen und Partnerschaft und Familie auf der anderen Seite:

> „so gerne ich möchte – ich kann nicht einfach alles fallen lassen …
> ja · und: ja · ich will · du weisst ich will – sosehr wie du · doch …"
> (Schrott, 2016, S. 43).

Die drei Punkte, die Schrott an jedem Zeilenende dieses Gesanges im Gegensatz zu den sonst verwendeten Hochpunkten doch auf die Grundlinie setzt, unterstreichen noch einmal durch den Abbruch der Gedankengänge die Offenheit und subjektive Befangenheit George Allen Moores; ein Nichtweiterwissen.

Ein weiteres eindrückliches Beispiel für diese Simultaneität der Roman- und Epos-Merkmale ist die Engführung der subjektiven Wahrnehmung der Verge-

---

[7] In *Erste Erde* wird aus irgendeinem Grund, obwohl der epische Haupttext nur in Minuskeln gesetzt ist, auf das scharfe S verzichtet und so steht statt einem „bloß" ein „bloss" geschrieben.

waltigung der polnischen Zoologin Zofia Kalin-Halzska mit dem Wissen über die physische Entwicklung einiger Säugetier- und insbesondere Raubtier-Merkmale (Schrott, 2016, vgl. S. 493 ff.). Subjektiver Weltausschnitt und objektive Totalität gehen hier sogar direkt im selben Vers antilabisch ineinander über:

> „hielt meine arme hinter dem rücken und drückte mich an die wand
> sein rechtes ohr an meinem mund biss ich fest zu
> *bei den reptilien*
> *entwickelten sich bereits säugetierartige merkmale · die zahnreihen*"
> (Schrott, 2016, S. 494).

Eigentlich treten Antilaben in Dramen auf, wenn das Metrum gewahrt bleiben soll, die sprechende Figur aber von Zeile zu Zeile wechselt und der Redeanteil jeweils nicht die volle Verslänge aufweisen würde. Aber hier wird ja eher nur der freie Rhythmus und die Sprachmelodie erhalten. Es bleibt dennoch eine interessante Frage, wer der Sprecher des kursivierten Teils ist; ob also Zofia weiterspricht und die Antilabe nur das thematische Fokussieren auf den naturwissenschaftlichen Gehalt markiert, hier die Figur Raoul Schrott spricht oder gar eine ganz andere fiktive Instanz? Gerade das Besondere an Schrotts Werk, der (Rück-)Bezug der naturwissenschaftlichen Erkenntnis auf den Menschen, scheint zu bedingen, die Grenzen eines engeren epischen Stils aufzuweichen und –, wie das vorangegangene Kapitel dieser Arbeit aufzuzeigen versucht, – bei Schrott unweigerlich zu Brüchen und vielen fragmentarischen Handlung führte.

Lässt man sich von allem Prätentiösen, gewollt Tiefsinnigen des Textes und aller Verdichtung naturwissenschaftlicher Erkenntnis nicht abschrecken und -lenken, schimmert vor allem beim Zuhören –, denn *Erste Erde* ist wie alle Epen wesentlich *auch* gesprochene Sprache[8], – eine deutliche Ähnlichkeit zu den Prototypen des Epos-Begriffs durch. Phasenweise vermag Schrotts Text, was Erich Auerbach über den homerischen Stil konstatiert: „[Er] kennt keinen Hintergrund. Was er erzählt, ist jeweils allein Gegenwart, und füllt Schauplatz und Bewusstsein ganz aus." (Auerbach, 1946, S. 6 f.). Schiller und Goethe erheben in einem Briefwechsel 1797 dieses „Retardierende" (Auerbach, 1946, S. 7), also das Zurück- und Vorspringen zwischen Haupthandlung und (meist vergangener) Nebenhandlung „zum Gesetz für epische Dichtung" im Allgemeinen (Schiller, 1797, vgl. Briefe vom 19., 21. und 22. April); vor allem aber das damit einhergehende Vergessen-Machen der temporär verlassenen Handlung in seiner Tendenz, „uns bloß das ruhige Dasein und Wirken der Dinge nach ihren Naturen"

[8] Raoul Schrott hat in Kooperation mit dem Bayerischen Rundfunk eine Hörbuch-Version des Epos produziert. Das Werk ist aber wirklich *auch* wesentlich Literatur in Schriftform, was nicht zuletzt an der Typografie des Buches zu sehen ist. So wurde bewusst auf Großschreibung verzichtet und eine Interpunktion gewählt, die der Stefan-George-Schrift mit ihrem charakteristischen Hochpunkt (·) sehr nahekommt.

zu schildern, sodass sein „Zweck »schon in jedem Punkt seiner Bewegung« [liege]“ (Auerbach, 1946, S. 7).

Auerbach betont außerdem das homerische „Bedürfnis nach sinnlicher Ausformung der Erscheinungen“ (Auerbach, 1946, S. 8) und dass auch die Epitheta ornantia letztlich in dieser Tendenz begründet lägen (Auerbach, 1946, vgl. S. 8). Diesen Grundgestus der antiken Epik scheint Schrott verinnerlicht zu haben, denn er durchzieht *Erste Erde*. Schon im Vorwort, vor dem eigentlich epischen Text, verschreibt er sich (durchaus auch hier schon in poetischem Duktus) diesem holistischen Ausformen, das jenseits einer Dualität von Vorder- und Hintergrund „nur gleichmäßig beleuchtete, gleichmäßig objektive Gegenwart“ (Auerbach, 1946, S. 9) kennt, mit dem Absatz:

> „Da ist der Hügel des Klaratsberges, dort die gekappte Flanke der Hohen Niederen und die Horizontlinie der Kanisfluh, aus der die Mittagsspitze hervorsticht. Da sind Höfe und Häuser, die Masten einer Stromleitung, ein Kirchturm, an der Unterseite graue Wolken, das dunkle Grün des Waldes vor dem helleren der Wiesen, das Blau des Himmels, die stechende Sonne im Augenwinkel, die vom Fenster reflektierte Hälfte meines Gesichts, Stühle, der Tisch und eine Liege, Holz, Mauern, Wege, ein Hund, Nachbarn, Sommerkleider, Augen, Haut, Fleisch und Knochen, ohne dass ich wirkliche sehe, was: nur dass sie sind. Alles ist da, jetzt, vorhanden, voll und dennoch flächig, gleichsam überhängend.“
> (Schrott, 2016, S. 17).

Möglicherweise ist hier schon der Topos des Erhabenen mit angelegt; Berge, Horizont, Hervorstehen. Inwieweit (auch wenn es sich ja eigentlich um eine zusammenhängende Bezeichnung handelt) in „Hohen Niedern“ ein charakteristisches Moment des Erhabenen anklingt, offenbart sich vielleicht zwischen den Zeilen des nächsten Abschnitts dieser Arbeit über den Begriff des Erhabenen.

Im Verfahren, *wie* diese retardierenden Einschübe eingeführt werden, unterscheiden sich Homer und Schrott jedoch deutlich: Bei Homer findet sich ein ganz vorsichtiges, stetig verlaufendes Einschieben auf syntaktischer Ebene. Demgegenüber finden sich bei Schrott harte Brüche.[9] Dennoch gelingt es hier, innerhalb der Passagen das Präsentische des homerischen Stils nach einigen Versen zu realisieren (Schrott, 2016, vgl. z. B. S. 54). So geht es im vorvorletzten Abschnitt des fünften Gesanges des ersten Buches einige Verse lang noch um die Beziehung der Moores und eine Episode in einem Observatorium und dann wird syntaktisch ganz banal durch ein „und“ in die beiden letzten Abschnitte (Strophen?) umgebrochen; zurück in eine absorbierende Beschreibung des Besuchs der Glühwürmchen-Höhlen:

[9] Die harten Brüche im Text gehen passend mit den harten Brüchen des Gesteins einher, von denen es Schrott vor allem in den geologischeren Kapiteln von *Erste Erde* vermag, einen lebhaft haptischen Eindruck zu vermitteln.

„[…] · als du mich jedoch besuchen kamst
und ich dir im observatorium unsere aufnahmen zeigte
all die abdrücke von fossilem licht
da sahst du mich an und meintest trocken dass deine zeit
sich nicht an jahren von licht bemesse – du wärst im dritten monat

und da war dieselbe mondlose nacht und derselbe schwarze sand
der aufleuchtete eine blüte von phosphoreszierendem plankton
bläulich weiss · und mit jedem lecken des meeres über den strand
wurden diese sterne anderer welten auf die wellenflächen gebannt
sie klebten uns an den füssen während wir wateten im lichterlohen

und es waren milchstrassen darin · staubbänder und sonnenhaufen
die flocken schienen glitzernd über die wasserlinien hochzulaufen
von geisterkrabben in schwarze löcher gezogen dasselbe glimmen
wie es in quallen ist · wunderlampen · durchsichtig nackten kiemen
und unter diesem nachthimmel gingen wir dann auch schwimmen“
(Schrott, 2016, S. 62).

Schrott und Homer eint ihr Impuls, „die [externen] Erscheinungen ausgeformt, [...] tastbar und sichtbar, [...] zu vergegenwärtigen“ (Auerbach, 1946, S. 8) und sie trennt der Umstand, dass sich dieser Impuls bei Homer auch auf interne Erscheinungen gänzlich erstreckt. Bei ihm findet sich „nirgends eine Lücke, ein Auseinanderklaffen, ein Blick in unerforschte Tiefen“ (Auerbach, 1946, S. 9). Bei Schrott findet sich beides: die Ausformung von Gefühlen und inneren Vorgängen, aber auch ihr Verborgen-Bleiben, der Blick ins Herz und der in die Tiefe. Ein Charakteristikum, das Auerbach interessanterweise wesentlich für den biblischen Text hält, der seinerseits deutlicher in Richtung Roman geht, als es die eigentlichen Epen tun (Auerbach, 1946, vgl. S. 9 ff.). Wiederum zeigt *Erste Erde* also nicht nur epische Züge.

Über ihre Eingliederung in die Reihe der Epen gemäß diesen eher formalen oder grob inhaltlichen Kriterien hinaus gibt es einen vielleicht viel wichtigeren Wesenszug des wahrhaften Erzählens, den *Erste Erde* realisiert. Es geht um die Funktion des Erzählens *für* uns Menschen, dessen spezifischen Zugriff auf die Welt in ihrer Geschichtlichkeit und Bezug zu uns Menschen:

Wenn Raoul Schrott in großen Tönen von „[u]nserem Wissen von der Entstehung des Universums, der Erde, des Lebens, seiner unterschiedlichen Formen, und des Menschen“ (Schrott, 2016, S. 685) schreibt, dann ist mit „Wissen“ nicht nur die statische, (jetzt vorhandene) explizite wissenschaftliche Information gemeint, sondern auch die Geschichtlichkeit dieses Wissens, dann das implizite Wissen, das mit der Entfaltung dieses expliziten Wissens der Naturwissenschaften einhergeht; die Erfahrungen, die all die Menschen, die in den Verlauf der Wissenschaftsgeschichte und -kommunikation eingewoben sind und waren, machten und Schrotts eigene Erfahrungen bei den Recherche-Reisen und der Erfahrung, die man beim theoretischen Durchdringen macht.

In seinem berühmten Erzähleraufsatz, den *Betrachtungen zum Werk Nikolai Lesskows*, konstatierte Walter Benjamin bereits 1936, dass „es mit der Kunst des Erzählens zu Ende geht“ (Benjamin, 1936, S 385). Er ahnte noch nichts von der digitalen Revolution, den Computern, dem Internet; nichts von Twitter, Blogs und YouTube. Dennoch befand er damals schon, dass solche Medien – vermutlich hatte er vornehmlich Zeitungen im Sinn – im Wesentlichen keine *Erfahrung*, sondern *Information* transportieren. Information ermangle aber eine[r] gewisse[n] „Schwingungsbreite“ (Benjamin, 1936, S. 391) und sie „hat ihren Lohn mit dem Augenblick dahin, in dem sie neu war“ (Benjamin, 1936, S. 391). Das Wesentliche einer Erzählung ist für Benjamin hingegen, dass sie echte Erfahrung vermittelt und dafür muss der Erzähler die „innigste Durchdringung [der] beiden archaischen Typen“ (Benjamin, 1936, S. 386) – Seemann und Ackerbauer – realisieren, so wie „das Mittelalter [es] in seiner Handwerksverfassung zustande“ (Benjamin, 1936, S. 386) brachte.

Raoul Schrott scheint hierfür prädestiniert zu sein –, wenn es denn nicht inszeniert ist –, da er als Schriftsteller scheinbar genauso an einem Ort verweilen und ihn ganz genau aufnehmen –, Erfahrungen *in der Heimat* machen, wie auf der ganzen Welt herumreisen und neue Erfahrungen sammeln kann. Sein als Haptik-Fetisch anmutendes Recherche-Verhalten erscheint so in neuem Licht. Auf der Suche nach echten Erfahrungen muss er auch den Seefahrer verkörpern, der echte Kunde mit nach Hause bringt. „[I]n jedem Fall ist der Erzähler ein Mann, der dem Hörer Rat weiß [...] [und] Rat, in den Stoff gelebten Lebens eingewoben, ist Weisheit. Die Kunst des Erzählens neigt sich ihrem Ende zu, da die epische Seite der Wahrheit, die Weisheit, ausstirbt.“ (Benjamin, 1936, S. 388).

Populärwissenschaftliche Darstellungen stehen tendenziell auf der Seite der Information und sind somit etwas wesentlich anderes als das Epos, obwohl (auf den ersten Blick) sehr ähnliches Wissen verarbeitet wird. Erstere ist aber meist frei von Erfahrung und nicht alleine aufgrund ihrer Sensationen erheischenden Tendenz nicht so fern von dem Effekt, im Moment der Entfaltung ihrer Wirkung auch schon wieder dahin zu sein. Sie schert sich selten um echte Tiefe und vor allem nicht um echte Erfahrung und deren vorsichtigen –, am besten fasst liebevollen – Transport. *Erste Erde* ist in diesem Zusammenhang komplementär zu allgemeinwissenschaftlicher Prosa oder Lehrgedichten.

Ob Schrott es übertreibt und zu gewollt seine Weisheiten *Erste Erde* –, um es mit benjaminscher Terminologie zu sagen, – einsenkte, ist eine durchaus interessante Unterstellung, die weiter unten in dieser Arbeit im Abschnitt *Die Penetranz des Homo-Mensura-Satzes* näher betrachtet wird. Im Rahmen des Erzähleraufsatzes lässt sich jedoch anmerken, dass dieser Eindruck vielleicht in Ermangelung einer Zurückhaltung entsteht, die Benjamin vorschwebte und Schrott nicht vollkommen realisiert: „Es gibt nichts, was Geschichten dem Gedächtnis nachhaltiger anempfiehlt als jene keusche Gedrungenheit, welche sie psychologischer Analyse entzieht" (Benjamin, 1936, S. 392).

Warum entschied Raoul Schrott sich also für die Gattung *Epos* und nicht, wie es auf den ersten Blick naheliegender scheinen könnte, für einen (Bildungs-)Roman? Benjamin sieht im Aufkommen des Romans schon die ersten Anzeichen für den „Niedergang des Erzählens" (Benjamin, 1936, S. 389) und zieht eine kategorische Trennlinie zwischen Roman und Epik: „Das mündlich Tradierbare, das Gut der Epik, ist von anderer Beschaffenheit als das, was den Bestand des Romans ausmacht." und weiter: „Der Erzähler nimmt, was er erzählt aus der Erfahrung; aus der eigenen oder berichteten. Und er macht es wiederum zur Erfahrung derer, die seiner Geschichte zuhören."; schließlich: „Einen Roman schreiben heißt, in der Darstellung des menschlichen Lebens das Inkommensurable auf die Spitze treiben." (Benjamin, 1936, S. 389). Schrott scheint der Gattung Epos auch in diesem Sinne (und damit das oben bereits Genannte bekräftigend) nicht ganz treu zu bleiben, denn die fragmentarischen Geschichten, die in *Erste Erde* eingewoben sind, haben in ihrer Darstellung der menschlichen Unzulänglichkeiten durchaus etwas Romanhaftes in eben diesem Sinne: In manchen Episoden von *Erste Erde* mutet sie eher wie ein an Psychologischem, Innigem, Subjektivem und eben Inkommensurablem als an Naturwissenschaftlichem, Objektivem interessiertes Projekt an. Die eigentümliche Leistung des Epos ist der Versuch, beides zu verweben: Information und Erfahrung; Kommensurables des Weltganzen und Inkommensurables des konkreten menschlichen Lebens. Das Epos ist also nicht das Negativ der populärwissenschaftlichen Literatur; eher ihre bestimmte Negation im Hegelschen Sinne und nicht nur Epos oder verdichteter Bildungsroman, sondern eher deren (in Richtung Epos gewichtete) Synthese.

Benjamin kommt jedenfalls zu der Einsicht, dass, indem der Bildungsroman „den gesellschaftlichen Lebensprozeß in der Entwicklung einer Person integriert, [...] er den ihn bestimmenden Ordnungen die denkbar brüchigste Rechtfertigung angedeihen" (Benjamin, 1936, S. 389) lassen muss.[10] Es mag Ausnahmen wie Goethes *Wahlverwandtschaften* geben, in denen eine naturwissenschaftliche Ordnung (die einer Verdrängungsreaktion) mit der literarischen Ordnung organisch Hand in Hand gehen kann, ohne sich beim Aufbau der narrativen oder poetischen Strukturen unnatürlich oder unauthentisch verbiegen zu müssen. Je mehr Zusammenhänge literarisiert werden müssen, je komplexer sie sind, je ferner von den Alltagsstrukturen, von unseren Gefühlsregungen oder politisch-geschichtlichen Zusammenhängen, desto unwahrscheinlicher wird es aber, sie auf eine natürliche, stimmige oder nicht bloß gewollt wirkende Weise

[10] Hier muss natürlich noch „gesell-" durch „naturwissen-" und „Leben-" durch „Erfahrung-" ersetzt werden, um die Analogie explizit zu Tage treten zu lassen, was aber dem Gedankengang an sich keinen Abbruch tut.

zu literarisieren. *Erste Erde* ist ein Abarbeiten an diesem Umstand: zuweilen ein darin Scheitern und von Zeit zu Zeit ein darüber Triumphieren.

Wie die – in den einleitenden Gedanken angesprochene – Gegentendenz zur Entdinglichung der Phänomene mit dem Transport von Erfahrung und dem Erhabenen zusammenfällt, muss kurz entfaltet werden:

Neben dem Eindruck der Wichtigkeit des Auratischen der Originale, die Schrott besuchte, um über jene oder die Zusammenhänge, in die diese Originale eingebunden sind, Erfahrungen zu sammeln, drängt sich während der Lektüre der Eindruck auf, der haptische Kontakt zu den Dingen spiele eine besondere Rolle.

Haptik stammt vom altgriechischen *haptikós* (ἁπτικός: etwa „zum berühren, fühlen, anfassen geeignet" oder auch „fähig berührt, gefühlt, angefasst zu werden"), das selbst wiederum durch Derivation aus dem Verb *háptein* (ἅπτειν: anheften, in Kontakt bringen etc.) hervorging. Nicht nur auf der Ebene des taktilen Sinns, sondern auf allen Ebenen der Empfindung evoziert Raoul Schrott in *Erste Erde* eine gewisse Teilhabe an unmittelbarer Erfahrung. In der oben zitierten Passage (S. 30), die mit „Alles ist da, jetzt, vorhanden, voll und dennoch flächig, gleichsam überhängend." (Schrott, 2016, S. 17) endet, ist es, als ob er die Dinge, wenn nicht taktil, so doch optisch mit dem Blick berührbar werden lässt. Der Abstieg in die und der Aufenthalt in den Glühwürmchen-Höhlen Waitomos (Schrott, 2016, vgl. S. 34 ff.) oder die Beschreibung des Schnees und des Eises Tirols in der Schlusspassage des Epos (Schrott, 2016, vgl. S. 682 f.) sind nur zwei von vielen Dutzend Textstellen, die es vermögen, sinnlich zugänglich – greifbar – zu machen, was für Schrott wörtlich greifbar war. Dass im Bedeutungsfeld des Verstehens (zumindest in den indoeuropäischen Sprachen) die haptischen Metaphern und so der Kontakt (be*greifen*, *grasp*, ver*stehen*, under*stand*, ...) eine bedeutende Rolle spielen, wird von Raoul Schrott ernstgenommen. Am Wortfeld der Berührung hat auch die Rührung teil; das Innige, das Ergriffen-Werden. Die Berührungen der Originale, die Reisen zu ihnen, die Erfahrungen, die man dabei macht, die Erfahrung, die man in den Gesprächen sammelt, die Erfahrungen, die man (auch über sich) beim Lernen und Verstehen macht, das Ergreifende am wahrhaften Verstehen tiefer Zusammenhänge, das Schöne an all dem: So weisen das Epische und Haptische des Textes schon –, wenn auch verhalten, – in die Richtung des Erhabenen.

Wichtig in Bezug zum Epos ist schließlich noch, dass von den drei Stilebenen der Rede (genera dīcendī) in der antiken (vornehmlich römischen) Rhetorik über dem „genus humile" und dem „genus medium" die höchste das „genus sublīmus" ist (Ueding, 1996, vgl. S. 755), zu der auf Seiten der Literatur exemplarisch die Epik (neben dem Epos aber auch die Tragödie!) zählt. „Genus sublīmus" wird als „erhabener Stil" ins Deutsche übertragen.

Das Erhabene ist also innig mit dem Epischen verknüpft.[11]

[11] Auch wenn der erhabene Stil aus Raoul Schrotts Sicht noch nicht bei Homer auftritt (Wagner, 2009), ist das Erhabene, wie es hier verstanden werden soll, nicht auf den zuweilen pompösen, ausladenden Tonfall mancher lateinischer Epen und anderer antiker Texte beschränkt. Es geht hier um einen viel reichhaltigeren Erhabenheitsbegriff, wie er erst weit nach der römischen Rhetorik aufkam.

Das Januskӧpfige des Erhabenen

— W. A. Mozart (*Klaviersonate Nr. 11 in A-Dur KV 331*, 1783/84)

„Die ganze Geschichte der modernen Poesie ist ein fortlaufender Kommentar zu dem kurzen Text der Philosophie: Alle Kunst soll Wissenschaft, und alle Wissenschaft soll Kunst werden; Poesie und Philosophie sollen vereinigt sein. Nur derjenige kann ein Künstler sein, der eine eigne Religion, eine originelle Ansicht des Unendlichen hat."

— F. Schlegel (*Charakteristiken und Fragmente I*, 1796-1801)

Der Begriff des Erhabenen hat eine lange und phasenweise dichte Geschichte und vielleicht auch eine blühende Zukunft: Seine philologische und philosophische Entfaltung soll in diesem Abschnitt kursorisch vollzogen und dabei auf (natur-)wissenschaftliche Erkenntnis sowie deren Literarisierung bezogen werden.

In der westlichen Denktradition kann der Begriff des Erhabenen einerseits auf seine lateinischen als auch altgriechischen Wurzeln rückbezogen werden:

Das altgriechische „hýpsos" (ὕψος) kann als Substantivierung des Adverbs „hýpsi" (ὕψι: empor, hoch oben) aufgefasst werden und ist mit der Präposition „hypér" (ὑπέρ: oberhalb, jenseits, sehr) verwandt (Beekes, 2009, vgl. S. 1541). „Hýpsos" selbst wird in etwa als Höhe, Gipfel, Großartigkeit oder Großartiges übersetzt (z. B. Lidell et al., 1943, vgl. S. 1908 f. oder Montanari, 2015, vgl. S. 2246). Es kann unter anderem aber auch mit Stolz oder dem Gefühl, sich – zum Beispiel in Bezug auf die gesellschaftliche Stellung – über allen anderen zu fühlen, übersetzt werden (Montanari, 2015, vgl. z. B. S. 2246) und schwebt so in einer gewissen „Konnotationswolke", die sich nur schwer in den üblichen Übersetzungen fassen lässt (Lidell et al., 1943, vgl. S. 1909 ff.).

Der Begriff des Erhabenen ist (als ästhetische Kategorie) unter anderem auf die englischen und französischen Substantive „the sublime" und „la sublime", aber auch auf das lateinische Adjektiv „sublīmus" zurückzuführen, das aus der Präposition „sub" (*unter*, *unterhalb*) als Präfix und dem Nomen „līmes" (*Linie*, *Pfad*, *Grenze*) zusammengesetzt ist (Lewis und Short, 1975, vgl. z. B. S. 1066 f.). Ganz wörtlich bedeutet „sublīmus" also *unter(halb) der (einer) Linie (Grenze)*, wurde aber eher als *hoch*, *erhaben* (im nicht-ästhetischen Sinn) und *vornehm*, *gehoben* (eher im ästhetischen Sinn) verwendet (z. B. Lewis and Short, 1975, vgl. S. 1778 f. oder Glare, 1973, vgl. S. 1834 f. u. S. 1843).

Es gibt im Lateinischen noch weitere Wörter, die das Erhabene adressieren: So zum Beispiel das Wort „augustus", das aber majestätisch (im Sinne der Anrede „Eure Erhabenheit") oder religiös konnotiert ist. Es hat über „august" und

„augustness“ auch Eingang ins Englische gefunden (Menge, 1978, vgl. z. B. S. 82). Diese Facetten tangieren den in dieser Arbeit diskutierten ästhetisch-phänomenologischen Erhabenheitsbegriff zwar durchaus,[12] sind aber in einer ersten Annäherung nicht wesentlich für den Bezug zum Erhabenen in dieser Arbeit.

Die Präposition „sub“ kann aber nicht nur *unter*, sondern mit Akkusativ auch *unmittelbar vor* und sogar *unmittelbar nach* bedeuten (Lewis und Short, 1975, S. 1772 ff.). So schwingt auch die Gerichtetheit der Relation mit: *von* unten *nach* oben. „Sub“ geht eher mit dem Kontakt dessen einher, was unterhalb des anderen ist, mit dem, was oberhalb liegt; ansonsten stünde anstelle des „sub“ ein „infra“. So entpuppt sich der Begriff bei genauerer Betrachtung etwas reichhaltiger, als ein bloßes „Unter-einer-Grenze-Liegen“ auszudrücken: Er gerät in Schwingung um eine Grenze oder auch Schwelle (lat. „līmen“, das auch im etymologischen „Dunstkreis“ von „sublīmus“ liegt), wobei Kontakt (Haptik) und Gerichtetheit anklingen (Lewis und Short, 1975, vgl. z. B. S. 1772 ff.). Diese symmetrischere Eigenschaft (also zum Teil auch „das Darüber“ *und* nicht nur „das Darunter“ auszudrücken), um die es beim Erhabenen (besonders) in Bezug auf naturwissenschaftliche Erkenntnis geht, ist hier von der Wortherkunft her „mitangelegt“, trat aber in der westlichen Denktradition eher in den Hintergrund oder gar nicht wirklich erst auf. Hier steht also nicht „das Bei“ in Bezug auf die Grenze, sondern viel mehr die – vorerst paradox anmutende – überlagernde Denkbewegung des gleichzeitigen von unten und von oben in Kontakt mit der Schwelle Seins und sie Überschreitens im Vordergrund. Adorno fasst das Erhabene in Kants Ästhetik[13] „als ein In-sich-Erzittern, als eine Art Bewegung des Bewußtseins“ (Adorno, 1959, S. 53) zusammen.[14]

Diese symmetrischere Aufladung schwingt auch in den (proto-)indoeuropäischen Wurzeln des altgriechischen „ὕψος“ mit: „*upér“ (*über*, *oberhalb*) und „*upo“ (*darunter*, *unterhalb*). Von diesen stammen wiederum das oben erwähnte „ὑπέρ“ und sein Antonym „ὑπό“, das prinzipiell in der Form des Wortes „ὕψος“ nicht weniger oder mehr repräsentiert ist als „ὑπέρ“, da sie sich erst ab dem Plosiv in π oder ψ unterscheiden. Interessanterweise stammt aber auch das lateinische „sub“ von genau denselben proto-indoeuropäischen Wurzeln ab. Oft tritt im Lateinischen an die vermutete gemeinsame indoeuropäische Wurzel ein „s“,

12 Man denke an Hegels *Vorlesungen über die Philosophie der Religion* und dort speziell an das Kapitel „Die Religion der Erhabenheit“ (Hegel, 1840, vgl. S. 63 ff.).

13 Kants „Analytik des Erhabenen“ wird weiter unten in dieser Arbeit noch genauer beschrieben.

14 Er bezieht sich hier auf die Grenze zwischen Bedingtem und Unbedingtem und deren Polarität, in die der Mensch eingebunden ist. Eine Struktur, die sich in den Prozess wissenschaftlicher Erkenntnis vererbt und sich dort auf anderer Ebene spiegelt. Beides, Kants Analytik des Erhabenen sowie deren Erweiterung und Übertragung auf den Verständnisprozess naturwissenschaftlicher Erkenntnis, werden weiter unten noch genauer ausgeführt.

an die im Griechischen ein Hauchlaut tritt, der sich dann im Schriftbild im diakritischen Zeichen Spiritus asper (zum Beispiel ὁ: ho) niederschlägt. Die beiden hier diskutierten antiken Wurzeln des Erhabenen besitzen so trotz der phonetischen und grafischen Unterschiede interessanterweise denselben Ursprung.

Das deutsche Wort „erhaben“ schlussendlich ist die veraltete adjektivische Partizip-Präsens-Form des Verbs „erheben“. Im Wörterbuch der Brüder Grimm steht dazu, dass sich *„späterhin die schlechteren formen erhob, erhoben eindrängten“* (Grimm, 1960, siehe Eintrag zu „erhaben“).

Wichtig ist das Wort „eindrängten“ insofern, dass „erhoben“ nur zu „erhaben“ hinzutrat und beide Wörter mit zwar verwandten aber eben unterschiedlichen Bedeutungen erhalten blieben. Es ist fast so, als ob eine gewisse innere, semantische Notwendigkeit bestand und durch das als Sprachfaulheit anmutende Eindrängen der neuen Form das Wort „erhaben“ frei wurde, um so die ästhetische Kategorie aufzufangen. Der metaphorische Gebrauch konnte sich verselbständigen, da der wörtliche die „schlechtere“ Wortbildung abbekommen hat. Betrachtet man die Beispiele der Brüder Grimm und wirft einen Blick in Korpora der deutschen Sprache, lässt sich erahnen, dass dieser Aufdröselungsprozess vom Homonym „erhaben“ in „erhoben“ und „erhaben“ gerade im 18. Jahrhundert stattfand und zu Beginn des 19. Jahrhunderts noch nicht gänzlich abgeschlossen war.[15] Selbst bei Goethe und Schiller lässt sich (vielleicht aus poetischen Gründen?) „erhoben“ finden, an Stellen, an denen es als das zu dieser Zeit schon in dieser Form vorhandene „erhaben“ gebraucht wird und das, obwohl beide Schriftsteller auch gerade theoretisch mit dem ästhetischen Begriff des Erhabenen – und eben nicht des Erhobenen – jonglierten.

Auslöser für das Aufleben des Erhabenen in der Literatur und Philosophie der frühen Neuzeit mag unter anderem die 1674 erschienene Übersetzung des antiken Werkes „Perí hýpsous“ (Περί ὕψους: Über das Erhabene) des antiken Autors (Pseudo-)Longinos[16] ins Französische („Traité sur le sublime“) durch den Schriftsteller und Redner Nicolas Boileau[17] (Heininger, 2010, vgl. S. 275 f.) gewesen sein.

Das in der Einleitung der vorliegenden Arbeit erwähnte Moment des Erhabenen, unwillkürlich die ganze Wahrnehmung für sich zu beanspruchen, scheint für Pseudo-Longinos auch eine wichtige Facette zu sein: „Das Erhabene zerreißt, wenn es im richtigen Augenblick hervorbricht, wie ein Blitz alle Dinge [...]“ (Fuhrmann, 2003, S. 166). Er bezieht sich dabei aber noch ausschließlich

---

15 Eigentlich müsste man vorsichtig eine statistische Analyse durchführen, denn so handelt es sich nur um eine vage Ahnung.

16 Die Autorschaft ist umstritten und kann nur relativ sicher auf einen Autor im ersten Jahrhundert nach Christus eingeschränkt werden. Im weiteren Verlauf wird dennoch auf Pseudo-Longinos als den Autor referiert.

17 Boileau schrieb zu dieser Zeit interessanterweise an seinem Epos *Le Lutrin* (Das Notenpult).

auf den Redner, denn er führt fort „[...] und zeigt mit einem mal die ganze Gewalt des Redners." (Fuhrmann, 2003, S. 166). Im Wesentlichen sind es das Vermögen des Redners, „große Gedanken" zu produzieren, Pathos, Verwendung bestimmter Figuren und Tropen und ein insgesamt gehobener Sprachstil, die die Rede in einen Zustand versetzen können, die Empfindung des Erhabenen im Zuhörer zu evozieren (Fuhrmann, 2003, vgl. S. 168 f.).

Zur Zeit der Aufklärung wird der Begriff des Erhabenen durch Edmund Burkes Schrift *A philosophical enquiry into the origin of our ideas of the sublime and beautiful* von 1757 wieder wirkmächtig in den ästhetischen Diskurs aufgenommen. Ihm ist am Erhabenen die Komponente des „delightful horror" wichtig; also einem „wunderbaren Schrecken" oder „entzückenden Grausen" (Burke, 1998, vgl. S. 86 ff.). Das Charakteristische der folgenden Denkbewegungen Kants, Schillers und Hegels, die um das Erhabene kreisen, ist eine gewisse „Zwei-Schrittigkeit", die bei Burke bereits schon im vermeintlichen Oxymoron „delightful horror" angelegt ist und durch die ausführliche etymologische Betrachtung unterstrichen werden kann. Burke bemerkt zwar, dass das Erhabene „dasjenige [ist], was die stärkste Bewegung hervorbringt, die zu fühlen das Gemüt fähig ist" (Burke, 1989, S. 72), überhöht aber den Schrecken und Schmerz mit der Begründung, sie seien die „mächtigsten von allen Leidenschaften" (Burke, 1989, S. 72). Seinen Ausführungen nach hat das Erhabene etwas scheinbar Widersprüchliches, zum Teil Negatives, mindestens mit Hemmung, wenn nicht doch mit Schmerz und Schrecken Verbundenes, Unaufgelöstes und scheint zudem etwas Vielschichtiges, Mehrschrittiges an sich zu haben.

Kants Analytik des Erhabenen

Immanuel Kant behandelt das Erhabene im Wesentlichen in zwei Schriften: In seinen *Beobachtungen über das Gefühl des Schönen und Erhabenen* (Kant, 1764) und in der *Kritik der Urteilskraft* (Kant, 1790). Erstere lehnt sich stark an den britischen Einfluss (Hume und Burke) an und weist daher eher noch einen empirisch-phänomenologischen Charakter auf: Der Begriff des Erhabenen ist hier „psychologisch-anthropologisch" orientiert (Bertinetto, 2007, S. 125). Die *Kritik der Urteilskraft* hat sich auf der Folie der beiden anderen Kritiken Kants vom englischen Empirismus abgelöst und ist zwar immer noch psychologischer, aber ansonsten wesentlich formalistischer Natur. Hier soll der spätere, reifere Kantsche Begriff des Erhabenen kurz dargestellt und gegenüber Kants Begriff des Schönen abgegrenzt werden (wie auch Burke es bereits tat).[18]

[18] Die Abgrenzung des Schönen vom Erhabenen scheint etwas genuin Westliches zu sein. Vielleicht war bei der Recherche zu dieser Arbeit die Sprachbarriere zu hoch, aber es war – bis auf offensichtlich äußerst esoterische Fälle – nicht möglich, in Quellen, die nicht in der abendländischen Denktradition stehen, eine Unterscheidung des Erhabenen vom Schönen innerhalb des Ästhetischen zu finden.

Die Empfindung des Schönen wird für Kant durch die *Form* eines *begrenzten* Gegenstandes in uns *evoziert* (Kant, 1790, vgl. S. 47 ff.), die des Erhabenen hingegen durch die *Darstellung* eines *formlosen, unbestimmten* Gegenstandes (Kant, 1790, vgl. S. 105 ff.). Als Beispiel für Schönes nennt Kant Blumen, Tiere oder Musik ohne Text:

> „Blumen sind freie Naturschönheiten. Was eine Blume für ein Ding sein soll, weiß außer dem Botaniker schwerlich sonst jemand, und selbst dieser, der daran das Befruchtungsorgan der Pflanze erkennt, nimmt, wenn er darüber durch Geschmack urteilt, auf diesen Naturzweck keine Rücksicht. Es wird also keine Vollkommenheit von irgend einer Art, keine innere Zweckmässigkeit, auf welche sich die Zusammensetzung des Mannigfaltigen beziehe, diesem Urteile zum Grunde gelegt. Viele Vögel (der Papagei, der Kolibri, der Paradiesvogel), eine Menge Schaltiere des Meeres sind für sich Schönheiten, die gar keinem nach Begriffen in Ansehung seines Zwecks bestimmten Gegenstande zukommen, sondern frei und für sich gefallen. So bedeuten die Zeichnungen *à la grecque*, das Laubwerk zu Einfassungen oder auf Papiertapeten usw. für sich nichts; sie stellen nichts vor, kein Objekt unter einem bestimmten Begriffe, und sind freie Schönheiten. Man kann auch das, was man in der Musik Phantasien (ohne Thema) nennt, ja die ganze Musik ohne Text zu derselben Art zählen."
> (Kant, 1790, S. 83 f.)

Mit der Formlosigkeit geht für ihn das Unendliche einher (Kant, 1790, vgl. S. 105). Kant ist aber wahrlich nicht der Erste, der das Unendliche mit dem Erhabenen in Verbindung brachte. So wird es unter anderem Burke nicht gerecht, ihn auf den „delightful horror" zu reduzieren, denn er führt auch das Riesige als eine Quelle des Schrecklichen an. Dort bleibt er nicht stehen: Er bringt das sogenannte „künstliche Unendliche" ins Spiel, das „in einer gleichartigen Sukzession großer Teile besteht" (Burke, 1989, vgl. S. 178 ff.). Das Evozieren des Eindrucks von Unendlichkeit – als Prozessuales gedacht („unendend") – durch Sukzession bildet für ihn auch den Grund für die hohe Affinität der Musik, die Empfindung des Erhabenen auszulösen, denn Musik ist auch wesentlich sukzessiv.[19]

Auffällig ist, dass bei Kant nicht der *Inhalt*, sondern die *Form* im Vordergrund steht. Da das Erhabene aber gerade durch die Formlosigkeit des Gegenstandes charakterisiert ist, – was aber durchaus ein *formaler* Aspekt ist, – tritt an Stelle der Form hier die *Darstellung* des Gegenstandes. Das ist durchaus eine moderne Haltung, denn so ist für Kant nicht der Gegenstand selbst erhaben –

---

[19] Leonard Bernstein bemerkt in seiner Vorlesungsreihe *The Unanswered Question*, die um die Gemeinsamkeiten und Unterschiede von Sprache und Musik und über diesen Zugang an Vergangenheit und Zukunft der Musik („whiter and whence music") insgesamt bemüht sind, auch treffend, dass Musik wesentlich „ongoing" sei und dieses immerwährende Sukzessive der Musik durch semantische Mehrdeutigkeit musikalischer Ausdrucksmittel, meist der Harmonien, bewerkstelligt werde. Das Ambivalente in ausgewogener Kombination mit dem Eindeutigen – am Stärksten im Wechselspiel von Diatonik und Chromatik realisiert – bringe die innigsten und am tiefsten aufwühlenden Episoden musikalischer Werke hervor (Bernstein, 1976).

Erhabenheit also keine Objektqualität –, sondern die Empfindung des Erhabenen kommt durch das Zusammenspiel von Einbildungskraft und Vernunft zustande (Kant, 1790, vgl. S. 107). So ist also die unmittelbare Empfindung, die ausgelöst wird, die der Erhabenheit, und der Gegenstand, der sie evoziert, wird nur nomenklatorisch „erhaben" genannt; an sich einen „Gegenstand der Natur erhaben [...] zu nennen", sei „überhaupt unrichtig" (Kant, 1790, S. 107).

Beim Schönen tritt unmittelbar ein Gefühl ein, das positiv ist: Kant spricht vom Gefühl der „Beförderung der Lebenskräfte". Auf der Seite des Erhabenen wird diese Beförderung der Lebenskräfte nur indirekt – dann aber viel heftiger – erregt, da vorerst eine Hemmung im Zusammenspiel von Wahrnehmung und Vernunft stattfindet, da der Verarbeitungsapparat von der Formlosigkeit, Unbestimmtheit oder eben auch Unendlichkeit überfordert ist. Erst im Überwinden dieser Überforderung tritt die Einsicht ein, dass der Mensch vernunftbegabt und dadurch auch über solche Phänomene erhaben ist. Das Gemüt wird angeregt, „sich mit Ideen, die höhere Zweckmäßigkeit enthalten, zu beschäftigen" (Kant, 1790, S. 107). Kurz: Das Schöne rührt für Kant von qualitativen Aspekten der Form eines bestimmten Gegenstandes her und das Erhabene von quantitativen Aspekten der Darstellung eines unbestimmten Gegenstandes. Die Darstellung meint aber auch ein passives (mediales) Sich-Darstellen; zum Beispiel von Naturereignissen. Es muss sich also nicht um ein aktives, menschliches Darstellen handeln.

Wenn Kant seine Unterscheidung des Schönen vom Erhabenen also auf der formalen Ebene der Objektseite tätigt, so arbeiten *topologische* Kategorien und Einsichten im Hintergrund. Das Schöne teile viele Eigenschaften mit dem Erhabenen, unterscheide sich aber eben wesentlich dadurch von ihm, dass das Schöne *irgendwie* „begrenzt" sei, während das Erhabene Formlosigkeit aufweise, das heißt – in Kants eigenen Worten – „unbegrenzt" sei. Damit hat für Kant das Erhabene wesentlich mit dem Unendlichen, mit der Überforderung der Einbildungskraft, mit ihrer Überwindung und der daraus resultierenden Steigerung der Lebenskräfte (deutlich mehr als im Falle des Schönen) zu tun. Wichtig ist hierbei die Kursivierung des Wörtchens „irgendwie", denn Kant spart aus, *was* genau *in welchem Sinne* unbegrenzt ist. In Ermangelung dieser beiden Angaben können Gedankengänge, die topologisch geleitet sind, leicht ins Leere laufen. Ein einfaches Parade(gegen)beispiel aus der Differentialgeometrie, die auf der mathematischen Topologie aufbaut, ist eine zweidimensionale Kugeloberfläche. Sie hat keinen Rand und ist so als Fläche nicht begrenzt. (Sie selbst ist natürlich als der Rand, das heißt die Grenze einer Kugel, die sie umgäbe, auffassbar; so wie Erdkruste den restlichen Erdball umgibt. Für sich genommen, das heißt als zweidimensionales Gebilde – wie der Film einer Seifenblase, der ja auch keine „Seifenkugel" umgibt –, besitzt sie keinen Rand, ist aber *endlich*.) Man könnte aber auch nach einer anderen Eigenschaft des Objekts fragen: nicht die Fläche in den Fokus stellen, sondern die Punkte. Deren Anzahl ist bei der endlichen

Fläche hingegen aber unendlich. So gesehen tritt eine Unendlichkeit auf. Exakt das lässt sich sehr präzise abstrahieren: Bezüglich einer unvorstellbar – in diesem Fall wirklich unendlich – großen Menge an Eigenschaften, das heißt in den verschiedensten abstrakten Räumen mit den verschiedensten Dimensionen. Genau damit beschäftigt sich das Feld der mathematischen Topologie: Sie fasst Aussagen über Benachbarungsverhältnisse glasklar begrifflich formal so, dass Aussagen über Begrenzungen (Ränder), Innenliegendes (Inhalte), (verschiedenartigste) Unendlichkeiten, Annäherung (Konvergenz), Entfernen (Divergenz) etc. beweis- und auch widerlegbar werden. Sie versieht eine beliebige Menge von einer ganz konkreten Gruppierung klassischer Gegenstände (wie endlich viele Äpfel in einem Korb) bis hin zu beliebig abstrakten Gruppierungen (wie hochdimensionale geometrische Räume) oder gar so etwas wie die Menge politischer Einstellungen aller Menschen mit einer gewissen Struktur $\mathcal{O}$: einer Topologie, die festlegt, was sogenannte „offene Mengen" sind. Mithilfe derer kann man dann klar definieren, was Begriffe wie „innen", „außen", „in der Umgebung von" eigentlich bedeuten. So lassen sich auch Aussagen wie „zu Formlosigkeit besteht ein Bezug zu Unendlichkeit" in einem konkretisierten Rahmen beweisen oder widerlegen. Im Allgemeinen ist es völlig offen, ob diese beiden Eigenschaften (unbegrenzt und unendlich) etwas miteinander zu tun haben.

Zusammengefasst: Es ist keineswegs gesagt, dass Formlosigkeit, das heißt schwierige oder unmögliche Be-/Abgrenzbarkeit mit Unendlichkeit und damit immenser Größe einhergeht. Ganz im Gegenteil, es lassen sich Eigenschaften von Objekten in einem ganz allgemeinen Sinn finden, die gleichzeitig nicht begrenzt und dennoch endlich (wie eben beispielsweise eine Kugeloberfläche) sind. Darüber hinaus ist die Analyse ganz sensibel davon abhängig, auf welche Weise man beurteilt, welches Objekt begrenzt ist, auf welche Eigenschaft man den Fokus legt, mit welchem Maß man misst und was „Form" und damit „Formlosigkeit" überhaupt im jeweilig gegeben Rahmen ist.[20]

Raoul Schrott schreibt im Vorwort des Gedichtbandes *Tropen* nach einer Aufzählung der Farben, die der Stern Sirius den verschiedensten Quellen nach scheinbar hat(te): „Ebenso unterschiedlich fallen auch die Anschauungen des Erhabenen aus: ein Produkt der Einbildungskraft, wie Kant in seiner Schrift argumentiert, ist es nichts, als reine Form ohne Substanz." (Schrott, 1998, S. 9). Er scheint sich hier zu irren oder zumindest sehr unverständlich auszudrücken, denn in der Kritik der Urteilskraft steht unmissverständlich, dass es Anschauungsgegenstände gibt, die gerade keine Form besitzen oder in ihrer Form unbegrenzt sind und gerade ausschließlich diese mit dem Erhabenen zu tun haben und nicht umgekehrt. Kant verwendet den Begriff „Substanz" nicht ein einziges

20 Technisch entspricht dies der Wahl der Topologie auf einer Menge, um die es geht; also der Wahl, welche Teilmengen der Menge man als offen/geschlossen auffassen *will* (oder *soll*, wenn das Phänomen eine bestimmte Wahl nahelegt) und damit, was „Umgebung von ..." ist.

Mal im gesamten Kapitel „Analytik des Erhabenen" in der Kritik der Urteilskraft (Kant, 1790, vgl. S. 105 ff.). Wenn man überhaupt am Substanzbegriff festhalten will, wäre vielleicht „Substanz ohne Form" angebracht gewesen, aber sicher nicht „Form ohne Substanz" (Schrott, 1998, S. 9).

Jedenfalls unterteilt Kant das Erhabene noch weiter in das sogenannte „Mathematisch- Erhabene" und das „Dynamisch-Erhabene":

Im Fall des *Mathematisch-Erhabenen* ist die reine Quantität so groß, dass die Einbildungskraft nicht stark genug ist, sie zu fassen. Das Phänomen zeigt sich über alle (menschlichen) Maßen groß, lang, tief, weit entfernt, winzig, bunt, vielzählig und so fort, dass die Einbildungskraft es nicht vermag, eine konsistente Form des Ganzen zu manifestieren oder sich zumindest die reine Vielheit vorzustellen. Auf dieses erste Moment folgt als zweites eine Leistung der Vernunft, da der Mensch Ideen begreifen kann, die mit riesigen Quantitäten, Unendlichem und ansonsten weitgehend Unbestimmtem *formal* umgehen können. Natürlich ist die Idee des Unendlichen in der Mathematik das Paradebeispiel für die Einholung von etwas, „das schlechthin groß ist" (Kant, 1790, S. 110):

> „Das Unendliche aber ist schlechthin (nicht bloß komparativ) groß. Mit diesem verglichen, ist alles andere (von derselben Art Größen) klein. Aber, was das Vornehmste ist, es als ein Ganzes auch nur denken zu können, zeigt ein Vermögen des Gemüts an, welches allen Maßstab der Sinne übertrifft."
> (Kant, 1790, S. 119 f.)

Als Beispiel für Unendliches gibt Kant „Raum" und „verflossene Zeit" an (Kant, 1790, ebd.). Je gewaltiger, größer, unermesslicher ein Gegenstand, als desto erhabener wird er empfunden, wenn er in einem zweiten Schritt von unserem Verstand wieder eingeholt wird. Vielleicht wäre eine Gesamtansicht der Erde oder Ausschnitte des Universums mit all ihren Milliarden Galaxien das Mathematisch-Erhabenste für Kant gewesen, wären ihm diese Darstellungen schon zugänglich gewesen. Solche unermesslichen Objekte, Gegenstände, Sachverhalte darzustellen, ist ein Anspruch und ein Verdienst eines Projektes wie von *Erste Erde*. Alleine die „Darstellung" des Konzepts unseres Sonnensystems ist wohl „unermesslich" für uns; das Konzept des Sonnensystems hingegen ist nachvollziehbar.

Im Fall des *Dynamisch-Erhabenen* ist des Menschen Urteilskraft nicht vorerst der reinen Anzahl unterlegen, sondern es stellt sich für den konkreten Menschen erstmal ein Erahnen „unsere[r] physische[n] Ohnmacht" (Kant, 1790, S. 129 u. vgl. S. 127 ff.) ein. Wiederum wird dieses erste hemmende Moment von einem zweiten überhoben, denn es führt dem in diesem Fall das Erhabene wahrnehmenden Menschen vor, dass es in uns ein Vermögen gibt, das über diesen Naturgewalten steht. Wir bleiben trotz der dynamischen Kräfte gewaltvoller Naturprozesse, denen wir unterliegen, auf anderer Ebene „in unserer Person unerniedrigt" (Kant, 1790, S. 129).

Als Beispiele gibt Kant

> „Kühne, überhangende, gleichsam drohende Felsen, am Himmel sich auftürmende Donnerwolken, mit Blitzen und Krachen einherziehend, Vulkane in ihrer ganzen zerstörerischen Gewalt, Orkane mit ihrer zurückgelassenen Verwüstung, der grenzenlose[21] Ozean in Empörung gesetzt, ein hoher Wasserfall eines mächtigen Flusses u. dgl." (Kant, 1790, S. 119 f.).

Wichtig ist für ihn auch, dass das Objekt oder die Erscheinung (wie auch die Beispiele zeigen) etwas ist, das als „furchtbar betrachtet [werden] kann, ohne sich vor ihm [oder ihr] aber zu fürchten" (Kant, 1790, S. 128).

Friedrich Schiller knüpft hier an und gelangt, wie in den einleitenden Gedanken dieser Arbeit bereits erwähnt, zum Begriff des „Pathetischerhabenen" (Schiller, 1801, S. 65). Als Wahrnehmender eines furchtbaren Gegenstandes (genauso einer Naturerscheinung wie einer Szene in einem Drama) „dürfen [wir] nicht selbst sondern bloß sympathisch leiden" (Schiller, 1801, S. 65), denn „[w]irkliches Leiden [...] gestattet kein aestethisches Urtheil, weil es die Freyheit des Geistes aufhebt" (Schiller, 1801, ebd.). Neben dieser Sicherheitsbedingung ist die zweite „Hauptbedingung des Erhabenen: sinnlichlebhafte Vorstellung des Leidens" (Schiller, 1801, S. 66). So ist das „Pathetische" (Schiller, 1801, ebd.) bereits realisiert; Damit es nun auch erhaben wird, muss es in uns „das Bewusstseyn unsrer moralischen, nicht unsrer physischen Freyheit" (Schiller 1801, ebd.) auslösen. Als Beispiel bringt er den Verlust allen Reichtums eines Kaufmanns durch Schiffbruch eines Frachtschiffes an. Mit dem Unglück des Kaufmanns können wir mitfühlen,

> „[d]ass wir uns aber über einen [solchen] Verlust hinwegsetzen können, der uns als Sinnenwesen mit Recht so empfindlich ist, beweißt ein Vermögen in uns, welches nach ganz anderen Gesetzen handelt, als das sinnliche, und mit dem Naturtrieb nichts gemein hat. Erhaben aber ist alles, was dieses Vermögen in uns zum Bewußtseyn bringt." (Schiller, 1801, S. 67)

Auch wenn es Schiller hier nicht so sehr um Naturerscheinungen und schon gar nicht um wissenschaftliche Erkenntnis geht[22], betont er das Moment der Willensfreiheit und so der Ethik, das auch mit dem Erhabenen naturwissenschaftlicher Erkenntnis verknüpft ist.

Das Strukturell-Erhabene

Kants Vorstellung des Auslösemechanismus der Empfindung des Erhabenen hat in seinen beiden Ausprägungen (mathematisch und dynamisch) neben dem charakteristischen Moment der Mehrschrittigkeit eines der *quantitativen* Überforderung. Nicht nur im Fall des Mathematisch-Erhabenen, in dem es an der

[21] Hier überlagert sich das Mathematisch-Erhabene leicht mit dem Dynamisch-Erhabenen.

[22] Ihm geht es um „Fundamentalgesetze der tragischen Kunst" (Schiller, 1801, S. 68).

Überforderung durch die (für uns) maßlose Größe oder Zahl offensichtlich zutage tritt, sondern auch im Fall des Dynamisch-Erhabenen. Denn auch hier ist es die Gewaltigkeit dynamischer Kräfte, die uns erschauern lässt und somit unserer Kleinheit in Verhältnis zum Phänomen, das uns Angst einflößt, bewusst werden lässt. In beiden Fällen ist es aber nicht der (innere oder äußere) Zusammenhang der Konstituenten, deren Zahl es ja gerade – bloß – ist, die den Erhabenheitsmechanismus in diesen Spielarten in Gang bringt. Eben aber der *Zusammenhang* der Konstituenten – oder um in der Terminologie der Mathematik zu bleiben: nicht nur ihre Mächtigkeit, also die Zahl ihrer Elemente, sondern ihre *Struktur* – ist ein wesentliches Moment dessen, was sich uns von der Welt offenbart.

Wir sind durch die für unser (Alltags-)Leben im Groben wichtigen und häufigen Begebenheiten und das Zugegene unserer faktischen Lebenswirklichkeiten mit gewissen Quantitäten (Häufigkeiten, Längen-, Flächen-, Volumenausdehnungen, Kräfte etc.) konfrontiert. Unsere Kognition, unser Begriffsapparat, unsere Wahrnehmung usw. sind so natürlicherweise permanent veranlasst, sich einerseits langsam durch (biologische) Evolution, andererseits relativ schnell durch Gewöhnung und Begriffsbildung sich in diesen Situationen den relevanten, tatsächlich auftretenden, wahrscheinlichen Quantitäten anzupassen. Übersteigt dann eine wahrgenommene Quantität deutlich diese tief in uns verwurzelten für uns natürlichen Maße, sind unser Kognitionsapparat, unser Begriffsapparat, unsere Wahrnehmung usw. überfordert: Die Gefühle des Versagens, der Kleinheit, aber auch auf eine gewisse Weise des Schreckens und der Paralyse können sich einstellen. Die Bewusst-Werdung des Überkommens dieser Überwältigung durch für uns zu große Quantitäten (an sich oder von dynamischen Kräften der Natur), sei es durch begriffliche Einholung der großen Zahl oder gar des Unendlichen, sei es durch In-Sicherheit-Bringen vor den dynamischen Kräften durch ein vernünftiges Vermögen und Entscheiden in uns, kann dann in uns das Gefühl des über diese Phänomene Höhergestellt-Seins evozieren; wir fühlen, dass es in uns etwas gibt, dass rechtfertigt, dass wir uns über jene Phänomene erhoben fühlen: Das Erhabene (im Sinne der beiden Kantschen Spielarten) wird empfunden.

Wir sind durch die für unser (Alltags-)Leben im Groben wichtigen und häufigen Begebenheiten und das Zugegene unserer faktischen Lebenswirklichkeiten aber auch mit gewissen *Strukturen* (Zusammenhängen, -spielen der Phänomene) konfrontiert. An diese sind unsere Kognition, unser Begriffsapparat, unsere Wahrnehmung usw. natürlicherweise angepasst. Genau wie im Fall der Quantität können all jene nun auch von einer Struktur, mit der wir konfrontiert werden, überfordert sein. Meine These dazu lautet, dass auch diese Überforderung eingeholt und überkommen und so ganz genauso die Empfindung der Erhabenheit ausgelöst werden kann; vielmehr ist dies zusammen mit dem ethischen Moment, das in Schillers Perspektive des Erhabenen im Mittelpunkt steht, das Wesentliche des Erhabenen naturwissenschaftlicher Erkenntnis.

In Schillers Aufsatz „Ueber das Erhabene" findet sich diese Erweiterung angedeutet, auch wenn er sie nicht weiter ausführt und wahrscheinlich nicht auf die uns überfordernden Strukturen der Naturwissenschaften – insbesondere der Physik – bezog:

> „Aber nicht bloß das Unerreichbare für die Einbildungskraft, das Erhabene der Quantität, auch das Unfaßbare für den Verstand, die Verwirrung, kann, sobald sie ins Große geht, und sich als Werk der Natur ankündigt (denn sonst ist sie verächtlich), zu einer Darstellung des Uebersinnlichen dienen, und dem Gemüth einen Schwung geben." (Schiller, 1801, S. 110 f.)

Als Beispiel soll die Quantenmechanik dienen: Die in dem von ihr beschriebenen Phänomenbereich waltenden Strukturen sind – vor allem im Bereich des Allerkleinsten, das wir kennen: dem der Elementarteilchen – von so anderer Natur als die unserer Kognition vertrauten Zusammenhänge. Ein eindrückliches Beispiel, an dem sich diese Überforderung durch die Art der Zusammenhänge ausdrückt, ist der Umstand, dass die Strukturen im Anwendungsbereich der Quantenmechanik dergestalt sind, dass sich wahre[23] Aussagen nicht auf die Weise der klassischen zweiwertigen Logik zu neuen wahren Aussagen rekombinieren lassen. Dieser Umstand führt zusammen damit, dass die Grammatiken natürlicher Sprachen –, werden diese wirklich grammatisch und in eigentlicher Rede verwendet,– auch von der klassischen zweiwertigen Logik dominiert sind, dazu, dass unsere Sprachen nicht die Möglichkeit besitzen, direkt auszudrücken, was *dort vor sich geht*.[24] Es lässt sich nur umschreiben und einführen, mit welchen Abstrakta sich gewisse Aspekte beschreiben lassen, woraufhin man ausrechnen kann, wie sich das jeweilige System Wahrscheinlichkeiten nach verhalten wird. Hierauf geht Raoul Schrott im Gedichtband *Tropen* ein.

Ein anderes Beispiel ist die Allgemeine Relativitätstheorie, auf deren Folie die Kosmologie auch das frühe und frühste Universum beschreibt und mit ihrer Extrapolation in den Urknall hinein einer Kosmogonie wissenschaftlich am nächsten kommt. Sie wird also in *Erste Erde* naturgemäß prominent verarbeitet und bietet viele Keimzellen des Erhabenen.[25]

Abschließend ist noch anzumerken, dass das Auslösen der Empfindung des Erhabenen durch die Überforderung der Kognition mittels einer Struktur –, also durch das *qualitative* Wie des Zusammenhangs der Elemente, – einer ähnlichen Gefahr ausgesetzt ist, wie das Pathetisch-Erhabene bei Schiller: Ist bei ihm

---

23 „Wahr" im Sinne von „so messbar".

24 Natürlich kommt neben dem grammatischen Mangel genauso auch der passender „Vokabeln" dazu. Es fehlt semantisch und syntaktisch das Rüstzeug, direkt die Phänomene, zu deren Beschreibung die Quantenmechanik benötigt wird, sprachlich auszudrücken.

25 Hierzu werden noch Beispiele im Kapitel „Literarisierungen des Erhabenen" in dieser Arbeit betrachtet.

das Auslösen dieser Empfindung dadurch verhindert, dass etwas derart furchtbar ist, sodass wir uns wirklich fürchten, dominiert das Bedingte in uns. Der Selbsterhaltungstrieb nimmt die Wahrnehmung in Beschlag und wir sind nicht mehr in der Lage ästhetisch wahrzunehmen. Hier ist es ähnlich: Haben wir zum Beispiel einen wirren Zahlenhaufen vor uns oder lauschen einem unsäglichen Lärm, dann schlägt das Phänomen in eine völlige Überforderung um und das erhabene Gefühl wird nicht ausgelöst. Eine gewisse Menge an Struktur, die verarbeitbar ist, muss als Angriffspunkt für den Geist doch da sein.

Zum Erhabenen in Hegels Ästhetik

Hegel schließt in seinen *Vorlesungen über die Ästhetik* (Hegel, 1835) aus seiner „Philosophie der schönen Kunst", wie die Ästhetik – ginge es nach ihm – eigentlich benannt sein sollte, „sogleich das *Naturschöne*" aus (Hegel, 1835, S. 13) und begründet diese Entscheidung damit, dass zum Beispiel die Sonne „als ein *absolut notwendiges* Moment" nicht geistiger Natur ist; nicht „in sich frei und selbstbewußt" (Hegel, 1835, S. 14).[26] Darüber hinaus böte das Naturschöne zu wenig Angriffsfläche für philosophisches Interesse, da wir „uns zu sehr im *Unbestimmten*, ohne *Kriterium* zu sein, [fühlen]" (Hegel, 1835, S. 15). Es fehlen also in dieser Domäne des Seienden Maßstäbe, die einen Vergleich und damit eine genaue Untersuchung bewerkstelligen würden (vgl. hierzu die ersten Seiten der Einleitung zur *Phänomenologie des Geistes* (Hegel, 1807, S. 53 ff.)).[27, 28]

Man muss zum Beispiel nur an jedem Punkt in Raum und Zeit etwas vorgeben, dies verwenden und kann es am Ende effektlos wieder herausrechnen oder

---

26 Unser heutiger Zugang zu Hegels Ästhetik beruht auf Mitschriften von Hegels Berliner Vorlesungen der Jahre 1820 bis 1829 durch seine Studenten und sind im Rahmen des „Systems der Wissenschaften" ausgehend von seiner „Phänomenologie des Geistes" (Hegel, 1807) gedacht.

27 Hegels Ästhetik hier in den Diskurs einzubinden kann dennoch von Vorteil sein, denn einerseits ist das hier betrachtete Erhabene nicht nur das Erhabene des Naturschönen, sondern gerade entschieden das Erhabene der theoretischen Einsichten in die Struktur des Naturschönen: etwas Geistiges. Es kommt so also das, was Hegel ausschließt, mit dem Kern dessen, was ihn interessiert und er einschließt, zusammen: „die *aus dem Geiste geborene und wiedergeborene* Schönheit" (Hegel, 1835, S. 14). Sie kann also Anwendung finden, obwohl es Hegel um das Naturschöne geht, das in *Erste Erde* besungen wird, ex negativo, gerade weil es auch um die Theorien geht, die genauso besungen werden.

28 Hierbei handelt es sich um ein generelles Phänomen, dass die theoretische Physik und Mathematik in ganz anderem – aber nicht minder fundamentalem – Rahmen unfassbar gewinnbringend sehr erfolgreich durchdrungen und formalisiert zu haben scheinen und unter anderem auf die Konzepte *Yang-Mills-Theorie*, *Eichfeldtheorien*, *Kovarianz* und nicht zuletzt *Zusammenhang* führten. Denn manchmal ist es für die wesentlichen Aussagen einer theoretischen Untersuchung gänzlich irrelevant, wie man den Vergleich genau bewerkstelligt, nur dass man ihn durchführt; und dies auf eine konsistente wohl formalisierte Weise. Daher ist es in der Theoriegenese nötig, zu berücksichtigen, dass die Theorie, um zu funktionieren, mehr „Maßstabs-, Benennungs- und Vergleichsballast" benötigt, als wirklich in der Natur realisiert ist.

das Ergebnis ist schon per constructionem der Theorie gar nicht von gewissen Annahmen, Benennungen, konkreten Maßstäben abhängig. Hegel ist sich dieser Problematik offenbar bewusst, kommt aber nicht zu einer solchen Lösung –, was ihm sicherlich nicht anzukreiden ist, da es vielleicht nicht übertrieben ist, den ganzen Ideenkreis der oben erwähnten theoretischen Begriffsbildungen eine der größten Errungenschaften des menschlichen Geistes der letzten Jahrhunderte zu nennen. Hegel schlägt bewusst einen anderen Weg ein (vgl. hierzu das „Lehmrutenbeispiel" aus der Einleitung der *Phänomenologie des Geistes* (Hegel, 1807, S. 53 ff.) oder ebd. auch das Beispiel des sich im Wasser brechenden Lichtstrahls, bei denen für Hegel nach dem Abziehen der theoretischen intervenierenden Artefakte *nichts* bleibt).[29]

Er findet gerade aber über diese Überlegung zu seiner Denkfigur der „bestimmten Negation", die in der berühmten dreischrittigen (These, Antithese und Synthese) Denkbewegung mündet. Nimmt sich der Geist aus seinem Zugriff auf die Welt wieder heraus, bleibt für Hegel nichts. Ihm schwebt als philosophisches Moment daher ein Prozess vor, der beim Negieren von etwas Bestimmtem, produktiv etwas im Resultat der Negation mit aufnimmt. Die Idee der Stetigkeit mengt sich bei und es entsteht die sich immerfort spiralig windende Denkfigur der *Dialektik*: These, Antithese, die die These „bestimmt negiert" und dann vorerst die Synthese, die wieder These und Antithese zusammen *bestimmt negiert* und aber selbst sogleich den Status einer neuen These besitzt, die wiederum Ausgangspunkt für eine weitere Windung ist und so fort (Hegel, 1807, S. 55 ff.). Dieses allgemeine Muster, das in der Phänomenologie des Geistes eingeführt wird, durchzieht auch seine Ästhetik. Die helikalische Denkfigur der Dialektik kann auch terminieren (oder zumindest konvergieren): Die „Reihe des Fortganges" endet, alsbald „der Begriff dem Gegenstand, der Gegenstand dem Begriff entspricht" (Hegel, 1807, S. 57). In Bezug auf die Kunst, also den Begriff des Schönen und des Erhabenen – entgegen einem naiv-modernen Kunstverständnis – bedeutet das, dass das „Rätselhafte und Dunkle" (Hegel, 1835, S. 466), das man für etwas Wesentliches der (symbolischen) Kunst hält, nur etwas Vorläufiges ist, denn „das Ziel der symbolischen Kunst [...], kann nur dadurch erreicht werden, daß zunächst die Bedeutung für sich, abgetrennt von der gesamten erscheinenden Welt, ins Bewußtsein tritt." (Hegel, 1835, ebd.). Dieses Ziel ist „[d]ie rätsellose Klarheit des aus sich selbst sich adäquat gestaltenden Geistes" (Hegel, 1835, ebd.) und benötigt zu seiner Realisierung im Falle des Vorhandenseins rätselhafter, dunkler Symbolik in einer Phase der Kunst eine Art Katharsis:

> „Das erste durchgreifende Reinigen nun und ausdrückliche Abscheiden des Anundfürsichseienden von der sinnlichen Gegenwart, d. i. von der empirischen Einzelheit des

---

29 Dabei ist eine wesentliche theoretische Einsicht in der Physik, dass das Wesentliche des Phänomens nicht von den willkürlich menschlichen Benennungs- und – allgemeiner – Sprachartefakten abhängt. Warum sollte dem auch so sein?

Äußeren, ist in der *Erhabenheit*[30] zu suchen, welche das Absolute über jede unmittelbare Existenz hinaushebt und dadurch die zunächst abstrakte Befreiung zustande bringt, welche wenigstens die Grundlage des Geistigen ist. Denn als konkrete Geistigkeit wird die so erhobene Bedeutung noch nicht aufgefaßt, aber sie ist doch betrachtet als das in sich seiende und beruhende Innere, das seiner Natur nach unfähig ist, in endlichen Erscheinungen seinen wahrhaften Ausdruck zu finden."
(Hegel, 1835, S. 466 f.)

Also fände das Erhabene für Hegel seinen Ausdruck im Aussprechen des Unendlichen und so ist das „Erhabene überhaupt [...] der Versuch, das Unendliche auszudrücken, ohne in dem Bereich der Erscheinungen einen Gegenstand zu finden, welcher sich für diese Darstellung [als] passend erwiese." (Hegel, 1835, S. 467). Wie bei Kant ereignet sich hier theoretisch der Sprung zur Kategorie des Unendlichen. Vielleicht weil hinter beiden Zugängen zum Erhabenen eine ähnliche Einsicht schlummert, die auch in der oben ausgeführten etymologischen Betrachtung anklingt, und viel allgemeiner ist, als nur das Unendliche zu meinen. Dieses Allgemeine schlösse auch das „Strukturell-Erhabene" mit ein und lässt sich – seiner Abgedroschenheit zum Trotz – durch den wohl bekanntesten Satz des frühen Wittgenstein illustrieren: Im Satz 5.6 seines *Tractatus logico-philosophicus* heißt es: „*Die Grenzen meiner Sprache* bedeuten die Grenzen meiner Welt" (Wittgenstein, 2014, S. 67) und in der Konkretion 5.61 wird ergänzt: „Was wir nicht denken können, das können wir nicht denken; wir können also auch nicht *sagen*, was wir nicht denken können." (ebd.). Ist der allgemeinere Umstand nicht einfach der, dass die Grenzen unserer Kognition die Grenzen unserer Welt bedeuten? Sowohl die Verallgemeinerung des Ich zum Wir, als auch die von der Sprache zur gesamten Kognition sind hier gemeint. Vielleicht ließe sich ein Teil der Phänomene der Welt zum Beispiel rein musisch und nicht-sprachlich fassen. Und die Verallgemeinerung zum Wir ist wichtig, denn zumindest Sprache (als Teil der Kognition) lebt vom Wir.

Die Empfindung des Erhabenen tritt nun ein, wenn unsere Kognition von etwas überfordert ist und wir diese Grenze unserer Welt als hemmend wahrnehmen, zugleich aber auch wahrnehmen, dass wir vermögen, die Grenzen unserer Welt ein wenig hinauszuschieben, und zudem dieser Prozess – auf irgendeiner Ebene des Geistes – nicht unbemerkt abläuft, sodass uns das Besondere des freien Willens, der Ästhetik, des Menschlichen gewahr wird.[31]

Wichtig ist zudem in Wittgensteins Satz das zweifache Auftreten des Possessivpronomens „meiner", denn darin steckt auch Hoffnung. Erweitere ich die Grenzen meiner Sprache, erweitern sich auch die Grenzen meiner Welt! Genauso für das Wir. Wir erheben uns so nicht nur als Teil-Unbedingte über das Bedingte, sondern wir erfahren ein über unsere alte Welt Gehoben-Werden. Unsere Welt wird größer (im Wittgensteinschen Sinne). Die Empfindung des Erha-

30 Die Kursivierung stammt von Hegel selbst.
31 All dies muss nicht auf eine ausartikulierte, vollständig bewusste Weise passieren!

benen ist so Welterschließungsfreude nach anfänglicher Hemmung durch das Gewahrwerden einer kognitiven Begrenztheit beim Versuch, etwas Unausdrückliches dennoch auszusprechen. In der Wahrnehmung dieser Spannung, dieser Bewegung des Geistes um eine Grenze der eigenen oder gemeinsamen Welt wird uns ästhetisch (und eben manchmal auch analytisch) bewusst – und wühlt uns auf –, dass wir in gewissem Maße frei sind, dass wir fragen können, dass wir wissen können, dass wir ethisch sind. Durch das Zitterspiel von Hemmung und Überwindung dieser Hemmung bei hoher Intensität des die Wahrnehmung vereinnahmenden Gefühls, das darin ausgelöst wird, liegt die Nähe zum Orgastischen begründet.

Darüber hinaus scheint Hegels ästhetischer Denkbewegung eine Einsicht zu unterliegen, die die Einfachheit einer Binsenweisheit besitzt, einen von der Schönheit (und Erhabenheit) einer Theorie überzeugten Physiker aber zur Weißglut zu bringen vermag: „[...] wenn die Kunst gerade die lichtlose *dürre Trockenheit*[32] des Begriffs erheiternd belebe, seine Abstraktionen und Entzweiung mit der Wirklichkeit versöhne, den Begriff an der Wirklichkeit ergänze, [...] [so] beschäftigt sich die Wissenschaft [*i*]*hrem Inhalte nach* mit dem in sich selbst *Notwendigen*." (Hegel, 1835, S. 19). Vielmehr ist es die Unterstellung der dürren Trockenheit der Begriffsbildungen der Wissenschaften (Geistes- wie Naturwissenschaften), die bei Hegel hinkt. Für denjenigen, der sich wirklich mit Wissenschaft beschäftigt (hat), sprühen sie nur so vor Kreativität und Bildlichkeit und bringen erfrischende Muster in das Denken, das so – gerade auch in anderen Bereichen – in Fluss gebracht und gehalten werden kann.

Auch der große Physiker Richard Feynman merkte geistreich an:

> „Der gleiche Schauer, dieselbe Ehrfurcht und dasselbe Mysterium, erscheinen wieder und wieder, wenn wir irgendeine Frage tief genug betrachten. Mit mehr Wissen geht ein tieferes, noch wunderbareres Mysterium einher; uns verlockend, noch tiefer zu bohren. Niemals in Sorge, dass die Antwort enttäuschend sein könnte, wenden wir mit Freude und Zuversicht jeden neuen Stein, um ungeahnte Fremdartigkeit zu finden, die uns zu mehr wundervollen Fragen und Mysterien führt – in der Tat ein erhabenes Abenteuer! Es ist wahr, dass wenige Nicht-Wissenschaftler diese spezielle Art von religiöser Erfahrung haben. Unsere Dichter schreiben nicht darüber; unsere Künstler versuchen nicht diese außergewöhnliche Sache darzustellen. Ich weiß nicht, warum. Ist niemand von unserem derzeitigen Bild des Universums inspiriert? Der Wert der Wissenschaften verbleibt von unseren Sängern unbesungen; So sind sie dazu gezwungen, – nicht einem Gesang oder ein Gedicht, sondern einem Abendvortrag zu lauschen. Dies ist noch kein wissenschaftliches Zeitalter."[33]
> (Feynman, 1955, S. 14)

[32] Diese Hervorhebung durch Kursivierung stammt nicht von Hegel.

[33] Im englischen Original, das nicht 1957, wie Schrott es fälschlicherweise angibt (Schrott, 2016, S. 685), der einen Teil des Zitats dem Anhang seines Epos voranstellt, sondern 1955 Teil der Rede „The value of science" (Der Wert der Wissenschaft) vor der amerikanischen „National Academy of Sciences" (Nationalakademie der Wissenschaften) war, die auch bereits 1955 im Dezember in „Engineering and Science" in Textform veröffentlicht wur-

Nicht der Künstler ist es, der die „lichtlose dürre Trockenheit“ durch sein Besingen „erheiternd beleben“ soll, sondern das den Wissenschaften inhärente Wunderbare, das besungen werden soll; es ist die erhabene, quasi-religiöse Erfahrung, die Wissenschaftler haben, die Dichter, Sänger und Künstler im Allgemeinen darstellen und an die „Nicht-Wissenschaftler“ vermitteln sollen. Es ist, als hätte sich Raoul Schrott dies zu Herzen genommen: Ein wenig schon im Gedichtband *Tropen* und in *Erste Erde* als ein großes Programm, das ihr unterliegen mag.

* * *

Kants Analytik des Erhabenen hat sich als das Herzstück des Erhabenheitsdiskurses herauskristallisiert. Alle einschlägigen Texte vor ihr behandeln das Erhabene entweder nur in einem engen Rahmen (wie dem der Rhetorik oder nur im religiösen Kontext) oder überhöhen eine Facette (wie die des Horrors bei Burke). Scheinbar unterliegt Kants Analytik des Erhabenen, auch wenn sie selbst noch bedeutend verallgemeinerbar ist, etwas Wirkmächtiges in der Tiefe, denn auch Hegel und die einschlägigen Texte zum Erhabenen des 20. Jahrhunderts beziehen sich alle auf sie (oder auf Texte, die sich direkt auf sie beziehen). Kein Diskurs des Erhabenen in der abendländischen Literatur scheint nach Kant jenseits seiner Analytik stattzufinden.

Derrida bezieht sich im Rahmen des „Problem[s] der Entgrenzung“ explizit und exemplarisch auf Kants Analytik des Erhabenen: „Das Erhabene erscheint als der Begriff, der zwischen den einzelnen Wissensgebieten vermittelt, der das Verlassen des Ästhetischen und den Übergang zum Historischen, Politischen und Ethischen anzeigt“ (Heininger, 2010, S. 308). Adorno knüpft ebenso an die Analytik des Erhabenen an, wenn er die „Idee des Standhaltens vor der übermächtigen ‚Natur‘ [...] auf die des Standhaltens der Kunst gegenüber dem ‚Chaos‘“ (Heininger, 2010, S. 309) überträgt. Für ihn ist das Erhabene der feine Unterschied, der (echte) Kunstmusik vom Kunstgewerbe scheidet (Heininger, 2010, vgl. S. 309). Schließlich liest auch Lyotard jene Kant-Passage als eine „historisch-gegenwärtige“ (Heininger, 2010, S. 309) und sein Verbinden des Erhabenen mit der „Darstellung des Nicht-Darstellbaren“ (Heininger, 2010, vgl. S. 308) basiert ganz eindeutig auf dem Mathematisch-Erhabenen Kants. Lyotard ist hier

---

de, heißt es: *The same thrill, the same awe and mystery, comes again and again when we look at any question deeply enough. With more knowledge comes a deeper, more wonderful mystery, luring one on to penetrate deeper still. Never concerned that the answer may prove disappointing, with pleasure and confidence we turn over each new stone to find unimagined strangeness leading on to more wonderful questions and mysteries—certainly a grand adventure! It is true that few unscientific people have this particular type of religious experience. Our poets do not write about it; our artists do not try to portray this remarkable thing. I don't know why. Is nobody inspired by our present picture of the universe? The value of science remains unsung by singers, so you are reduced to hearing—not a song or poem, but an evening lecture about it. This is not yet a scientific age.*

ganz nah an der oben in dieser Arbeit vorgeschlagenen Verallgemeinerung des Erhabenheitsbegriffs (vgl. Seite 48 dieser Arbeit), denn von der Darstellung des Nicht-Darstellbaren ist es nicht weit zur kognitiven Verarbeitung des kognitiv (bisher) Nicht-Verarbeitbaren und dessen Ausdruck. Für ihn ist aber auch das Präsentische wichtig, das zum gleichmäßig ausformenden epischen Erzählen –, besonders zum Retardieren, – zurückführt und so zu Schrotts Epos, das mit Darstellungen der unmittelbaren Erfahrung im Hier-und-Jetzt nur so gespickt ist: Das Erhabene ist bei Lyotard auch das Gefühl, das evoziert wird, wenn wir uns bewusst werden, „daß hier und jetzt etwas ist, das »es gibt«" (Lyotard, 1989, S. 45).

Literarisierungen des Erhabenen

> „Dichtung […] ist mithin in ihrer ursprünglichsten und zugleich höchsten Kraft eine Art Sehertum, *Sehertum des Seienden*. […] Das Mittel auf [dem] Weg der Dichtung ist nicht der *Begriff*, sondern das Gleichnis, das *Bild*."
>
> — *W. Schadewaldt* (Das Wort der Dichtung, 1960)

Erste Erde ist –, bleibt man im Jargon der Epen, – in 28 Gesänge unterteilt, die in sieben Bücher gruppiert sind. Um – wie in den einleitenden Gedanken dieser Arbeit angekündigt – den sprachlichen Indizien des Erhabenen naturwissenschaftlicher Erkenntnis auf die Spur kommen zu können, lohnt sich besonders eine genauere Lektüre der ersten beiden Gesänge im ersten Buch, namentlich *Erstes Licht I & II* (Schrott, 2016, S. 31–74), denn dort werden sehr dicht Themen verhandelt, die ein hohes Potential besitzen, die Empfindung des Erhabenen hervorzurufen:

Geht es um die Kosmogenese in Form des Urknalls, die Ausdehnung des Universums, kosmische Zeit- und Längenskalen, die Entstehung der Elemente und damit der Materie, wie wir sie kennen, und dergleichen mehr, sind das Unendliche und das Nichts nicht weit. Wie poetisiert Schrott das unendlich Kleine und Dichte der Anfangssingularität des Universums, wie sie im Rahmen der Allgemeinen Relativitätstheorie in ihren kosmologischen Näherungen auftritt (dem Urknall und verwandten Szenarien)? Wie setzt er die jede Vorstellungskraft übersteigenden, schier unendlichen Weiten des Weltraums und wie darüber hinaus noch deren Krümmung oder gar Ausdehnung als Ganzes in Literatur um? Wie die Äonen an Zeit? Hier lauert überall mindestens das Mathematisch-Erhabene Kants!

Es treten aber im *Ersten Licht I & II* nicht nur die Phänomene auf, deren erstes Moment des Erhabenheitsprozesses auf einer Komponente beruht, die über alle Maßen groß (klein oder leer) ist, sondern auch Phänomenbereiche, die durch ihre Struktur unser Vorstellungsvermögen überfordern, dann aber doch im zweiten Schritt begrifflich eingeholt und so erschlossen werden können. Neben den quantitativen Überforderungen und denjenigen der Struktur der Phänomene gibt es noch die Überforderungen durch die – diese Phänomenbereiche beschreibenden – Theorien. Hier stellen sich weitere Fragen: Wie setzt der Autor die Allgemeine Relativitätstheorie oder zumindest ihre hier relevante Spielart, die Kosmologie, um? Wie das Konzept der Raumzeit und ihrer Krümmung? Wie die Quantenmechanik, die, auch wenn man sie nur im Kleinen vermutet, sogar im Kosmischen über „Quantenfluktuationen" die gesamte Struktur des Universums bestimmen könnte, oder auch für das Phänomen „Stern" wesentlich ist? Wie so etwas wie die kosmische Hintergrundstrahlung? Allgemeine Prinzipien der naturwissenschaftlichen Weltanschauung, die genauso jenes „strukturell-erhabene" Moment an sich haben, finden sich im fünften und letzten Gesang des ersten Buches, den *Lichtzeichnungen* (Schrott, 2016, S. 129–140), in dem anhand der Naturfotografien Detlev Orloffs tiefe Einsichten über Strukturen der Realität verarbeitet werden. Einige Beispiele in diesem Gesang sind die Heisenbergsche Unschärferelation, der Welle-Teilchen-Dualismus, die Omnipräsenz der Potenzgesetze und des Goldenen Schnitts in der Natur, zudem wie schon im ersten Gesang die Raumzeit-Krümmung, bis hin zum zweiten Hauptsatz der Thermodynamik. Diese Gesänge rahmen also das erste Buch, welches das einzige ist, das mit dem Weltalter[34] („13,82 Jahrmilliarden – Heute" (Schrott, 2016, S. 29)) überschrieben ist, auf diese Weise mit dem Erhabenen; das *Erste Licht* eher mit dem Fokus auf den Phänomenen an sich, die *Lichtzeichnungen* eher auf deren theoretischer Beschreibung. Im dritten und vierten Gesang des ersten Buches finden sich durchaus auch Themen, die das Erhabene tangieren: So zum Beispiel Supernovae, also Sternexplosionen, die man regelrecht als Superlativ gewaltiger Vorgänge wie einen Sturm auf See sehen kann und so das Schicksal der Planenten um diesen Stern wie den Schiffbruch im Sturm.[35] Das Apokalyptische der Sternexplosionen ist nicht nur dem Dynamisch-Erhabenen Kants, sondern auch Burkes „delightful horror" sehr nahe; denn „die Ideen des Schmerzes und vor allem des Todes [sind] so eindrucksvoll, daß wir niemals völlig frei von Schrecken sein können, solange uns etwas gegenwärtig ist, in dem wir die Macht vermuten, uns eines von beiden zuzufügen." (Burke, 1989, S. 100).[36] Dennoch ist in diesen beiden mittleren Gesängen des ersten Buches die Dichte und Tiefe der Themen, die die Erhabenheitsempfindung evozieren können, merkbar niedriger als in den „Randgesängen", des ersten Buches. Daher sind hauptsächlich jene drei der Gegenstand dieses und des nächsten Kapitels.

Alle sechs anderen Bücher des Epos sind kürzeren Ausschnitten der Geschichte der Erde und nicht mehr der des ganzen Universums verschrieben. Nur das erste Buch schlägt diesen großen Bogen. Das Werk ist aber dennoch derart pro-, ana- und auch metaleptisch verschachtelt strukturiert, dass zum Beispiel kosmogenetische Erklärungsmodelle der Erzählebene der Wissenschaftsgeschichte (aber auch mythische Kosmogenesen) später im Epos auftreten, als es gemäß dem Verlauf der Zeit in der Erzählebene der – fiktiven wie realen – Wis-

[34] In der Allgemeinen Relativitätstheorie hängt eine Dauer und damit auch das Alter des Universums, vom Beobachter (und vielem mehr) ab. Zeit ist nicht absolut. Das Weltalter ist definiert als das größte Alter, das ein Beobachter dem Universum zuschreiben kann; Dies entspricht einem Beobachter, der sich seit Anbeginn der Zeit bis heute mit der Ausdehnung des Universums mitbewegt.

[35] So gesehen, handelt es sich hierbei also um eine Art Extremalvariante des „Schiffbruch mit Zuschauer"-Szenarios.

[36] Am Rand sei hier erwähnt, dass unsere Sonne mit an Sicherheit grenzender Wahrscheinlichkeit nicht in einer Supernova „sterben" wird, da sie zu massearm dafür ist. Zudem wäre dies erst in vielen Millionen Jahren der Fall.

senschaftlerInnen-Lebensgeschichten zu vermuten wäre; ganz zu schweigen von der Erzählebene der Phänomene und der Geschichte des Universums selbst.

Der Māori-Mythos – Die Physik – Das Nichts: Zum nullten Gesang

Das Epos beginnt mit denselben drei Wörtern wie die Luther-Übersetzung des Johannes-Evangeliums (nur in Ermangelung der Großschreibung): „im anfang war" (Schrott, 2016, S. 33). Auf jene Wörter folgt aber nicht „das Wort", sondern „nichts". Dieser erste Unterabschnitt des ersten Gesanges wird passenderweise nicht als erster, sondern als nullter (mit einer arabischen 0 am Rand) gezählt. Er verarbeitet die nach Auffassung Schrotts „wohl letzte mündliche Weltentstehungsgeschichte" der Māori, die indigene Bevölkerung Neuseelands, aus der Zeit um 1850 (Schrott, 2016, vgl. S. 688). Das Konzept, das durch das Wort „te kore" (Schrott, 2016, S. 33) fixiert wird, ist aber genauso vielschichtig und in diesem Sinne eigentlich unübersetzbar wie dasjenige hinter „ὁ λόγος" (ho lógos), dem vierten Wort des altgriechischen Originaltextes des Johannes-Evangeliums. Während Letzteres nicht nur „Wort", sondern auch „Satz", „Rede", über „sinnvolle Rede" hin zu „Sinn" oder gar „Vernunft", „Begriff", „Rechnung" bedeuten kann (vgl. entspr. Eintrag in Lidell et al., Lidell et al. u. Montanari, 2015), rangiert Ersteres zwischen der Zahl „0", dem bestimmten Nichts: dem Mangel einer bestimmten Sache („keine Äpfel"), dem abstrakten Nichts, über „nicht mehr", „möglicherweise nicht", „möglicherweise schon", „Möglichkeit" im Allgemeinen, bis hin zu „Vergesslichkeit", „Vergessen" und „Zerstörung"; darüber hinaus trägt es in Kombination mit anderen Wörtern die Konnotation des „frei (von ...)" (vgl. Abstract von Nepia, 2012 und den entspr. Eintrag in Moorfield, 2018). Im Sinne Lyotards schlummert in jeder Übersetzung vielleicht schon das Erhabene, denn das umfängliche Übertragen von einer in eine andere Sprache ist wohl bis auf einige Sonderfälle in der Regel nicht möglich: Eine Übersetzung ist also immer en miniature eine Darstellung des Nicht-Darstellbaren. Bei diesen beiden Extremfällen – te kore und ὁ λόγος – tritt dieses Moment besonders stark zutage.

Der Abschnitt besteht nicht nur aus der Verarbeitung der *Creatio ex nihilo* gemäß dem Māori-Mythos und somit dem (im obigen Sinne also reichhaltig konnotierten) Nichts, sondern kontrastiert diese mit der Erfahrung des Unendlichen. Die ersten Verse überlagern in einer Art „Blending" den Originaltext auf Te Reo Māori mit der Übersetzung[37] auf Deutsch. Trotz – oder gerade aufgrund? – dieser Mischung von Wörtern, die den meisten LeserInnen (HörerInnen) sehr wahrscheinlich unverständlich sind, entwickeln diese mit den ganz anders und vor allem vertraut klingenden deutschen Wörtern durch Sprachrhythmik und -klang eine eindrucksvolle Sinnlichkeit. Direkt danach folgt eine

37 Vermutlich stammt sie von Raoul Schrott selbst; zumindest gibt er keine Quelle an.

mindestens genauso sinnliche (und durchaus erotisch aufgeladene) Beschreibung des Abstiegs in die Glühwürmchenhöhlen Waitomos. Die Vermittlung der unmittelbaren Erfahrung des Unendlichen in Ansehung der Glühwürmchen, die den Myriaden von Sternen am Himmel gleichen, erfolgt – im Gegensatz zum Blending der beiden Sprachen im Fall des Nichts – beim Unendlichen nicht so sehr auf der akustischen, sondern vielmehr auf der semantisch-bildlichen Ebene:

Der erste Abschnitt ist so von *Kontrasten* geradezu durchsetzt: Nichts und Unendlichkeit, hell und dunkel, akustischer und optischer Sinn, Mann und Frau, Leben (Ahellege Moore ist schwanger) und Tod (Es wird beschrieben, wie Māori einen Leichnam zweimal bestatten.), hoch und runter (Bezug zum Himmel und Abstieg in die Höhle), christliche und „heidnische" Kosmogonie.

Steht im Fall des Nichts so zum Beispiel

> „im anfang war nichts · te kore · das vollkommene nichts
> te kore · das nichts in dem nichts bestand · te whinwhia
> te kore · ein nichts · te rawea · in dem nichts geschah"
> (Schrott, 2016, S. 33),

findet sich im Fall des Unendlichen erst die sexuell konnotierte Beschreibung des Abstiegs in die Höhlen von Waitomo

> „da war ein rund im karst klaffender abgrund in den wir
> uns abseilen mussten um in die flusshöhlen zu gelangen
> feuchte luft stieg aus seinem schatten – desto triefender
> je tiefer ich hinunterglitt · über stirn und nase träufelnd
> einzelne strahlen von licht durch die schwaden stechend
> die linke um das seil gekrampft · die brust eingeschnürt
> nach atem hechelnd · der grund achtzig meter unter mir
> überfiel mich in diesem kalten und waberndem brodem
> eine solch grosse angst vor der tiefe – [...]"
> (Schrott, 2016, S. 34)

und dann im Moment des Hereinbrechens dieses überwältigenden Eindrucks

> „[...] bis miteins –
> als hätte es sich sammeln können alles lange verstreute
> und längst verlorene strahlen – ein firmament über uns
> aufzudämmern begann · eines anderen himmels nacht:
> licht hinter licht · und gestirn über gestirn – myriaden
> funkelnder punkte · staunend starrten wir unsere köpfe
> in den nacken gelegt auf noch nie geschaute sternbilder"
> [...]
> triefend hing über uns so himmel über himmel traten
> wir von einem universum ins andere räume von leere
> und fülle in der ihnen eigenen nacht – [...]"
> (Schrott, 2016, S. 38 f.).

Die Analogisierung der Abstiegskluft mit dem Geburtskanal und damit der Glühwürmchenhöhlen mit der Gebärmutter wird durch „im unterleib der erde“ (Schrott, 2016, S. 36) und „einem geburtskanal gleich“ (Schrott, 2016, S. 37) unterstrichen. Kosmos und Kosmogenese in Verbindung mit der Gebärmutter zu bringen, ist neben dem Umstand, dass Schöpfung und Zeugung wesentliche Ähnlichkeiten besitzen und es sich hier um einen beliebten Topos handelt, vielleicht ein geschicktes indirektes Anklingen der Allgemeinen Relativitätstheorie, die der physikalischen Kosmologie unterliegt: In ihr wird die Raum-Zeit durch ein vierdimensionales Feld, das metrische Tensorfeld[38] $g_{\mu\nu}(\vec{x}, t)$, beschrieben, das an jedem Punkt gestattet, raum-zeitliche Abstände zu messen. Die physikalische Größe, die alle Information über den Kosmos kodiert, ist das mathematische Objekt *Matrix*[39], die lateinische Bezeichnung der Gebärmutter lautet ebenfalls *Matrix*.

In der Häufung der kontrastreichen Gegensätze ist auch die Grenzerfahrung und damit das Erhabene mit angelegt: Grenze und Kontrast sind innig miteinander verbunden. Eine Grenze wird nur dann als solche erfahrbar (wahrnehmbar), wenn ein Kontrast vorhanden ist. Die Grenze zweier Bereiche fast identischer Blautöne ist so gut wie nicht wahrnehmbar.[40]

Darüber hinaus scheint die Tiefe der dunklen Höhlen angsteinflößend zu sein, bis das Licht der Glühwürmchen wahrgenommen wird. In diesem Zusammenhang sei angemerkt, dass Kant unter anderem die Nacht als Beispiel für Erhabenes nennt (Kant, 1764, vgl. S. 5).

Exemplarisch für dieses *Spiel* mit Kontrasten ist auch der von den Wörtern „licht“ und „dunkel“ durchsetzte und hoch symmetrische (kursivierte) Abschnitt in der Mitte der Seite 35 (Schrott, 2016). Bedenkt man, dass das Furchtbare der Nacht zu weiten Teilen im Informationsmangel und somit Unwissen begründet liegt, und dass Licht – daher passend – oft metaphorisch für Erkenntnis steht, umschlingen sich in diesem Abschnitt das Erhabene und die Erkenntnis auf allen oben in dieser Arbeit angesprochenen Kanälen und Ebenen. Geht

---

38 Tensorfelder sind mathematische Objekte, die in den jeweiligen abstrakten Räumen an jedem Punkt andere Werte haben (können) und bei denen sich diese Werte auf eine solche Weise ändern, wenn man für die Punkte neue Koordinaten einführt (also einfach neue Namen, wie man auf die Punkte referiert), sodass sich an den Gleichungen, die die se Tensoren enthalten, strukturell nichts ändert. Das garantiert, dass die physikalischen Zusammenhänge in der Welt nicht von unseren willkürlichen Benennungen, wie wir auf Punkte in Raum und Zeit referieren, abhängen. Nur weil wir anders benennen, wo der Mond ist, fängt er nicht an, sich auf einmal anders zu bewegen. Dieses Prinzip, das fast tautologisch anmutet, musste erst erkannt und verstanden werden: Es trägt als Konzept den Namen *Kovarianz*.

39 Die beiden Indizes μ und ν symbolisieren, dass es sich bei der Größe $g_{\mu\nu}(\vec{x}, t)$ um eine zwei-dimensionale Datenstruktur handelt. Sie können für die drei Raumrichtungen und die Zeit stehen. $g_{\mu\nu}(\vec{x}, t)$ ist also eine zwei-dimensionale Datenstruktur, die an jedem Punkt in der vier-dimensionalen Raumzeit andere Werte haben kann. Solche zweifach indizierten Tensoren nennt man auch *Matrizen*; einfach indizierte sind die bekannten *Vektoren*.

40 Die Ränder (Grenzen) der schwarzen Buchstaben dieses Satzes auf dem hellen Papier dieser Arbeit sind hingegen (hoffentlich) wunderbar erkennbar.

es um Erkenntnis, eine Höhle und Licht, lauern Platons Höhlen- und Sonnengleichnis aus der *Politeia* als intertextuelle Bezüge. Vielleicht lässt sich *Erste Erde* so als großes Höhlengleichnis lesen, in dem der nullte Gesang einen Abstieg in die dunkle Höhle darstellt, in der sich „alles figürliche [...] vorgeformt fand" (Schrott, 2016, S. 37) wie die Schatten in der platonischen Höhle, die aber noch nicht die wahre Erkenntnis im Licht außen verkörpern. Der Rest von *Erste Erde* gliche so dem mühsamen Prozess des ans Licht Geholt-Werdens (dem Verstehen der naturwissenschaftlichen Erkenntnisse) entspricht. *Erste Erde* beginnt im Nichts und dem Dunkel, aber die letzten Worte dieses nullten Gesanges markieren das Ziel der Denkbewegung: „[...] wirklich wie die sonne · das licht des sommers" (Schrott, 2016, S. 40). Der thematische Weg – der ganze Kreis der Schöpfung –, der im Epos dann verhandelt wird, findet sich in diesem Gesang auch angelegt: Das Nichts (S. 33), das Licht (S. 35), Kraft (S. 39), Sterne (S. 38), unsere Sonne (S. 39), Mond (ebd.), Himmel und Erde (S. 37), Gestein (S. 37), Jahreszeiten (S. 39), Leben (S. 38 f.), Gefühle (S. 35), Sexualität (S. 34) und der Mensch („wir in seiner mitte", S. 38).[41]

Auch nach der Lektüre der Gesamtheit von *Erste Erde* bleibt für mich dieser erste Gesang mit seiner Unmittelbar-Machung der Erfahrung, den konkreten Themen, aber auch der thematischen Vielfalt, der mythischen Einfalt (in einem ganz positiven *naiven* Sinne), der analytischen Vorgeformtheit und der Mannigfaltigkeit an stilistischen Registern und sinnlichen Kanälen der reichhaltigste und erhabenste.[42]

Ausdehnung der Raumzeit – Entstehung der Materie: Zum ersten Gesang

Im zweiten Gesang des ersten Buches innerhalb des Epos, *Erstes Licht II*, lässt sich die Entdeckung machen, dass die Versanzahl pro Strophe der Zählung der Abschnitte entspricht. Mit anderen Worten: *Die Strophen im n-ten Abschnitt des zweiten Gesanges haben genau n Verse.* Mit jedem Abschnitt kommt zu den Strophen in ihm eine Zeile mehr hinzu. In anderen Worten: Die Länge der Strophen hängt *linear* von der Zahl, die die Anordnung der Abschnitte zählt, ab; sie sind direkt proportional zu einander. Bezeichnet man mit $\#_{\text{Verse/Strophe}}$ die Anzahl der Verse in einer Strophe und mit $N_{\text{Abschnitt}}$ die Zählung der Abschnitte, kann man den Zusammenhang auch formal als

---

41 Die Seitenangaben sind alle exemplarisch zu verstehen, denn eigentlich ist der gesamte nullte Gesang von all jenen Kategorien an fast jeder Stelle des Textes durchsetzt. Alle Seitenangaben beziehen sich auf (Schrott, 2016).

42 In den fünf Vorträgen, die ich bisher über *Erste Erde* halten durfte, habe ich immer ausschnittsweise die akustische Version dieser beiden Gesänge abgespielt. Fast durchgängig konnte dieser so entstandene Eindruck Faszination von und Interesse am Epos vermitteln; in gleichem Maße bei Natur- wie Geisteswissenschaftlern.

$$\#_{\text{Verse/Strophe}}(N_{\text{Abschnitt}}) = 1 \cdot N_{\text{Abschnitt}} \quad (1)$$

erfassen. Es handelt sich also um die einfachste Form eines linearen Zusammenhangs (nämlich sogar der sogenannten Identität: siehe Abbildung 1).

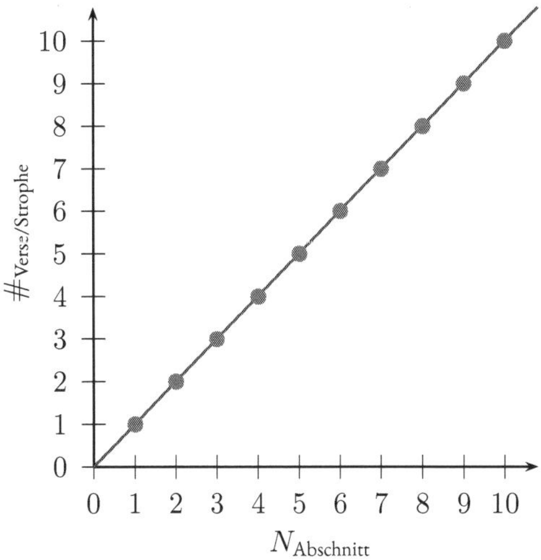

Abbildung 1: Visualisierung des Zusammenhangs zwischen der Versanzahl pro Strophe $\#_{\text{Verse/Strophe}}$ und der Zählung der Abschnitte $N_{\text{Abschnitt}}$ (siehe Gleichung 1).

Der Grund, diesen Zusammenhang so penetrant hin zu seinem mathematischen Ausdruck zu treiben, ist der Folgende: Wenn man sich vergegenwärtigt, dass hier wissenschaftliche Theorien über die Kosmogonie verhandelt werden, dann liegt die Idee nicht fern, dass die Ausdehnung des Alls – und damit verbunden das Hubble-Gesetz – hier strukturell umgesetzt wird (oder zumindest in die Form hineingelesen werden kann). Edwin Hubble erkannte in den Spektren entfernter Galaxien (die er für „Nebelsterne“ hielt), dass diese *rotverschoben* sind. Ein Effekt, der auftritt, wenn sich der Sender einer Welle (in diesem Fall: Licht) vom Empfänger während des Ausstrahlens der Welle entfernt. Dadurch erscheint die Wellenlänge länger, da die Länge der Relativbewegung von Sender und Empfänger noch zur eigentlichen Entfernung der Wellenberge hinzukommt.[43]

Das Hubble-Gesetz (Hubble, 1929) in seiner ursprünglichen Form erfasst so eine direkte Proportionalität; und zwar zwischen der Entfernungsgeschwindigkeit v_{Galaxie} von entfernten Galaxien und ihrer Entfernung d_{Galaxie} von uns:

[43] Das Adjektiv „rotverschoben“ kommt daher, dass rotes Licht eine längere Wellenlänge, dem Abstand der Wellenberge im Licht dieser Farbe, hat als alle anderen für uns wahrnehmbaren Farben. In diesem Sinne nennt man Strahlung höherer Wellenlänge *röter* als Strahlung kürzerer Wellenlänge.

$$v_{\text{Galaxie}}(d_{\text{Galaxie}}) = H_0 \cdot d_{\text{Galaxie}} \quad (2)$$

Dieser Zusammenhang gilt für *alle* Galaxien! Das heißt, je weiter eine jede Galaxie von uns entfernt ist, desto schneller scheint sie sich von uns wegzubewegen: *in eben jenem Maße, dass eine n-mal so weit entfernte Galaxie sich n-mal so schnell von uns entfernt.*

So lässt sich ein mögliches Strukturprinzip der Literarisierung des kosmologisch zentralen Hubble-Gesetzes in diesem Gesang verorten: Die Entfernungsgeschwindigkeiten von Galaxien verhalten sich strukturell zu ihrer Entfernung zu uns so, wie sich die Strophenlängen (Versanzahl) zum Abstand des jeweiligen Abschnitts zum Beginn des zweiten Gesanges verhalten.

Besonders schön wäre, wenn sich also einerseits zwischen der Entfernungsgeschwindigkeit der Galaxie von uns fort und der Strophenlänge und andererseits zwischen der Entfernung der Galaxie von uns und der Entfernung zum Beginn des Anfangs des zweiten Gesanges sinnvolle Entsprechungen finden ließen. Beim zweiten Entsprechungspaar ist das offensichtlich; ihr tertium comparationis ist ihre metrische Funktion. Beide *messen* einen Abstand: einmal im Raum (zum Beispiel in der Einheit Meter messbar) und das andere Mal im Buch (zum Beispiel in den Einheiten Buchstabe, Wort, Seite etc. messbar). Beim ersteren – wichtigeren, da es um dessen *funktionales* Verhalten zu gehen scheint – Entsprechungspaar, ist dies aber schwieriger. Hier hinkt die Analogie, denn unterschiedliche Geschwindigkeiten sind etwas anderes als unterschiedliche Strophenlängen. Nicht zuletzt ist der Grund für ihre Unterschiedenheit die Zeit; die Geschwindigkeit ist eine Dynamik beschreibende Größe. Sie ist ein Maß dafür, wie schnell sich eine statische Größe ändert; die Strophenlänge ist vorerst eine statische Eigenschaft einer Texteinheit. Nun gibt es mindestens drei Möglichkeiten, mit der Untersuchung der Literarisierung fortzufahren:

1. Konstatieren, dass die hier vermutlich strukturell umgesetzte Analogie zwischen der Expansion des Universums und der Strophenlängenzunahme zwar in Maßen plausibel ist und im Wesentlichen durch eine lineare Zunahme auf der einen Seite eine lineare Zunahme auf der anderen Seite anklingt. Die Literarisierung wäre nicht besonders tief, aber angebracht. Vielleicht wären tiefer umgesetzte Literarisierungen auch nicht mehr als solche erkennbar.
2. Diese Beobachtung über den Text zu „dynamisieren“, das heißt ihr eine dynamische, bestenfalls „geschwindigkeitsartige“ Komponente zu entlocken.
3. Die Hypothese verwerfen, sodass auf der Seite der physikalischen Phänomene und Gesetze nicht das Hubbelsche Gesetz Pate für die formal umgesetzte Analogie ist, dass die Strophenlänge mit jedem Abschnitt zunimmt, sondern ein statischerer – besser mit der Strophenlänge vergleichbarer – Befund steht.
4. Möglichkeit zwei und drei quasi gleichzeitig zu realisieren: die Beobachtung genauer bedenken, einen anderen Gehalt herauszupräparieren und gleichzei-

tig auf der physikalischen Seite einen anderen Zusammenhang zu finden, der dann zu der Beobachtung am Text passt.

Die erste Möglichkeit zu wählen, ohne die zweite und dritte nicht zumindest angedacht zu haben, wäre billig und denkfaul. Also der Reihe nach: Braucht man für einen ähnlich ausgedehnten Text ähnlich lange, dann ist die Konsequenz für das Leseerlebnis, wenn man eine Strophe als Sinneinheit versteht, dass die Zeit, die man zum Lesen einer Sinneinheit braucht, mit der Entfernung zum Anfang des zweiten Gesanges linear zusammenhängt. Das Lesen einer Strophe im *n*-ten Abschnitt des zweiten Gesanges braucht ungefähr *n*/*m*-mal so lange wie das Lesen des *m*-ten Kapitels (so braucht man zum Beispiel zum Lesen einer Strophe des achten Abschnitts im zweiten Kapitel doppelt (8/4-mal = 2/1-mal = zweimal) so lange wie zum Lesen des vierten Abschnitts. Man kann auf diese Weise aus obigem statischen Zusammenhang auf der räumlichen Ausdehnungsebene des Textes über den Leseprozess, der notwendigerweise auch zeitlich ist, auf der Seite der Wahrnehmung des Lesers / der Leserin eine dynamische, zeitliche Beobachtung gewinnen. Aber auch in dieser dynamischen Betrachtungsweise hinkt die Analogie, denn nun stehen sich eine Dauer und eine Geschwindigkeit gegenüber. Es ändert sich ja nicht die Lese*geschwindigkeit*: Um diesen Effekt hervorzurufen, müssten zum Beispiel nicht die Strophen länger werden, sondern Strophen gleicher länger (oder nur einzelne Verse gleicher Länge) zu Anfang syntaktisch und semantisch sehr dicht und dann immer einfacher gestrickt sein; oder umgekehrt, falls eine Entschleunigung umgesetzt werden soll.

Schließlich fällt die Analyse darauf zurück, eine physikalische Gesetzmäßigkeit zu suchen, die zwar selbst dynamisch sein kann, aber anstelle des jeweiligen Entsprechungspartners in der Analogie dann eine statischere – mit der Textlänge vergleichbarere – Größe aufweist: Es ist die Raumzeit selbst.

Interpretiert man das Hubble Gesetz unter dem (mittlerweile fast allgemein anerkannten) Gesichtspunkt, dass die Position der Erde im Raum nicht ausgezeichnet ist, scheint es so, als würde sich der Raum überall gleichförmig ausdehnen: Scheinen sich Punkte desto schneller von uns wegzubewegen, je entfernter sie von uns sind, und ist aber kein Punkt im Universum irgendwie bevorzugt, müssen auch von allen anderen Punkten aus entferntere Punkte sich schneller wegbewegend erscheinen. Man kommt über diesen Gedanken zu der Idee, dass sich in Wahrheit nicht die Galaxien im Raum mit einer Geschwindigkeit von uns fort bewegen, sondern dass der Raum selbst es ist, der sich als Ganzes ausdehnt; aufgeht wie ein Kuchen. Tut er das überall im Universum auf eine gleichförmige Weise, stellt sich genau der von Hubble beobachtete Effekt ein. Auf diesem Weg gelangt man im Umkehrschluss auch zur Urknall-Hypothese: Wenn sich alles von allem jetzt wegzubewegen scheint, weil der Raum sich ausdehnt, dann muss irgendwann alles ganz dicht zusammen gewesen sein. Genau dies ist das Ereignis, besser: der „Zustand“, von dem aus sich *Erste Erde* entfaltet.

So früh im Buch lässt sich also mit an Sicherheit grenzender Wahrscheinlichkeit sagen, dass die Ausdehnung des Alls hier auf der Ebene der Textgliederung verarbeitet und so nicht nur auf der semantischen Ebene umgesetzt wird. Geht man rückwärts in der Erzählzeit dieses zweiten Gesanges, kommt man zum nullten, in dem die Strophen null Verse lang sein müssten: Diese Singularität – „der Urknall von *Erste Erde*" – ist der im vorherigen Abschnitt dieser Arbeit untersuchte Gesang *Erstes Licht I*, in dem schon alles Wichtige mit angelegt ist, wie es im „weltei · die initiale des universums" (Schrott, 2016, S. 70) schon der Fall sein musste.

Auf den Seiten 46 und 47 (Schrott, 2016) kann man außerdem erkennen, dass auch auf der grafischen Ebene die erhabenen Phänomene Urknall und Ausdehnung von Raum und Zeit umgesetzt werden. Der Abschnitt, neben welchem sich als Randnote „Kompressionswellen des Urknalls" (Schrott, 2016, S. 47) findet, könnte ein sogenanntes „Big Bounce"-Szenario symbolisieren: Das Universum war schon vor dem Zustand höchster Dichte ausgedehnt, zog sich dann aber zusammen und dehnte sich danach wieder aus. Der Abschnitt, neben dem „kosmische Zeitverhältnisse" (Schrott, 2016, S. 46) geschrieben steht, könnte hingegen durch die sich periodisch abwechselnden Verslängen die Kompressionswellen des Urknalls darstellen.[44] Sie ist manchmal nur auf der semantischen Ebene schlüssig und zum Beispiel auf der rhythmischen oder grafischen nicht; manchmal umgekehrt. Auf Seite 51 gibt es eine Passage, die das genaue Wie der Ausdehnung des Universums kurz nach dem Urknall zum Thema hat: Das Wachstum war dort nämlich nicht linear, wie oben angedeutet, sondern explosionsartig: Man spricht von einer „inflationären Phase". Auch in dieser Passage laufen die zentriert gesetzten Verse aber linear auseinander (und vorher aufeinander zu) und nicht immer schneller immer länger werdend (entsprechend: vorher kürzer werdend). Die Verse wachsen gemächlich: Grafisch wird irgendwie ein Ausdehnen wiedergegeben, aber das Spezifische des regelrecht Auseinander-Gerissen-Werdens des Raumes sieht man nicht.

Der kürzeste Vers „auf die sich nicht deuten lässt" (Schrott, 2016, S. 51) steht in diesem Bild für die Singularität am Anfang des Universums; dieser Umstand wird nicht nur grafisch, sondern auch semantisch in den beiden vorangehenden Versen vorbereitet: „so unsagbar | dicht wie heiss [...]" (Schrott, 2016, ebd.). Dass er nicht keine Länge hat (oder etwa nur durch einen Punkt symbolisiert wird), passt zu einer weiteren Eigenheit von *Erste Erde*: Scheint eine Ebene beschränkt zu sein, wird oft auf anderer Ebene eine weitere Position im Diskurs dargestellt. Das Urknall-Szenario, dass eine Punkt-Singularität an den Anfang des Universums setzt, basiert nur auf der Allgemeinen Relativitätstheorie.

---

44 Hierbei handelt es sich um ein generelles Prinzip in *Erste Erde*: Die Randnoten verweisen nicht immer treu auf den prosaischen Anhang. Grob ist die Zuordnung in den allermeisten Fällen aber angebracht.

Die genauso wichtige Quantenmechanik geht aber in die klassische Urknall-Theorie nicht mit ein. Beachtet man quantenmechanische Effekte, vermuten einige Physiker (prominent unter ihnen auch Stephen Hawking), dass es sich nicht um einen Punkt, sondern um eine sehr dichte Ballung von allem gehandelt haben musste, in der eine Physik waltete, die es erst noch zu entdecken gibt: die Quantengravitation. Das der kürzeste Vers also eine endliche und nicht eine unendlich kleine Länge besitzt, vermittelt also vielleicht diese Position im Wissenschaftsdiskurs. Raoul Schrott war sich dessen auch sicher bewusst, denn er schreibt im Kommentarteil über diese alternativen Theorien im Abschnitt *Theoriegeschichte* (Schrott, 2016, S. 691).[45]

Ein Merkmal des zweiten Gesanges ist, dass sich in neun von zehn Abschnitten die Verse reimen. Nur im ersten reimen sie sich zum Inhalt passend nicht: Es handelt sich um die oben in dieser Arbeit schon erwähnte Passage, in der die Verse verworfene Anfänge von Formulierungen George Allan Moores an seine Frau darstellen könnten, die gerade darin bestehen, „verworfene anfänge" (Schrott, 2016, S. 43) in der Beziehung zu verarbeiten. Die Verse haben also keine Enden und können sich so auch nicht reimen.[46] Gleich im zweiten Abschnitt, der pro Strophe gerade zwei Verse aufweist, finden sich Reime:

> „... dreht sich doch die erde · und anstelle eines sonnenuntergangs
> steigt ihr blauer schatten auf · darunter das dunkel allen anfangs"
> (Schrott, 2016, S. 44).

Die ersten Wörter des zweiten Abschnitts knüpfen durch die drei Punkte nicht nur kontrastreich an den Stillstand und die emotionale Handlungsunfähigkeit des ersten Abschnitts an, sondern spielen offensichtlich auf die galileischen Worte „Eppur si muove" (Und sie bewegt sich doch) an, die einen Perspektivenwechsel[47] markieren, unabhängig davon, ob Galilei nach seinem Prozess diesen Satz wirklich sprach. Perspektive und Perspektivenwechsel sind auch das Thema dieses Abschnitts: Es geht um die Errichtung des bisher größten Spiegelteleskops der Welt auf dem Gipfel des Cerro Armazones, das einen Blick so tief in das Universum erlauben soll, dass man, da je entferntere Punkte man ansieht, man desto weiter in die Vergangenheit blickt (das Licht braucht länger, um auf der Erde anzukommen), dem Urknall sehr nahe kommt. Von diesem aus wird dann die Entwicklung des Universums von seiner frühen, heißen Phase bis hin zur Entstehung des Sonnensystems, in dem wir nicht mehr in der Mitte und noch dazu besonders klein sind, verarbeitet. Dass die Menschheit an einer klei-

---

[45] An dieser Stelle bleibt die vierte Alternative noch: Sie muss aber offenbleiben, da sie immer offenbleibt.

[46] Zumindest sind so keine Ausgangsreime möglich; gegen Binnenreime spräche nichts.

[47] Es handelt sich um den Weg vom geozentrischen Weltbild zu einer übergeordneten Perspektive, in der die Erde nicht mehr im Mittelpunkt steht und man realisiert, dass sie sich um die Sonne dreht. Ein Schritt, der sich viele weitere Male wiederholen sollte, bis klar wurde: Wir sind wörtlich *irgendwo* im Universum.

nen unbedeutenden Stelle im Universum existiert, kann als angsteinflößend und hemmend empfunden werden; doch zu verstehen, dass es einfach so ist und wir uns damit sehr sicher sein können, kann wieder genau den charakteristischen Mechanismus des Erhabenen auslösen. Darüber hinaus ist das nötige Umdenken ein Paradebeispiel für den Mechanismus des Strukturell-Erhabenen.

So findet sich gegen Ende dieses Abschnitts eine Passage, in der die Abstände der Planeten untereinander und zur Sonne und die Größen der Planeten an sich mit von einem Auto fallenden Obststücken verglichen werden (Schrott, 2016, vgl. S. 48 f.). In ihr leistet Raoul Schrott genau diese Überwindungsarbeit der Hemmung durch „schlechthin Großes" (Kant, 1790, S. 110), die so wesentlich für die Empfindung des Erhabenen zu sein scheint, indem er durch einen geschickt gewählten Vergleich und dessen Einbettung in ein Narrativ die Ermessenshürde zumindest passabel überspringt.[48]

Sogleich empfiehlt sich aber die Frage an, inwieweit so ein bildlicher Vergleich unter Zuhilfenahme von Alltagsobjekten (in diesem Fall Obst) einen Mehrwert in Form seiner Einbettung in eine poetische Form – und insbesondere als Teil eines Epos – produziert. Was ist die besondere Leistung des Vergleichs in dieser Form, den er nicht schon bar seiner epischen Einbettung besäße?[49] Derselbe Vergleich ist ja auch in einem populärwissenschaftlichen Text denkbar und besitzt dort nicht weniger Bildhaftigkeit.[50]

Das Reimschema dieses Abschnitts birgt eine Entwicklung: Zu Beginn treten die denkbar einfachsten und für zweiversige Strophen kanonischsten Reime auf (Schrott, 2016, vgl. S. 44 f.): Paarreime (*aa bb cc dd* ...). Dann gibt es einen Bruch auf Seite 45 (Schrott, 2016) und ein Kreuzreim tritt auf, dann wieder ein Paarreim, dann umfassendere Reimschemata: Das Reimverhalten wird viel heterogener. Die ersten Verse des Abschnitts sind aus *Sicht eines Menschen* beschrieben und der restliche Verlauf des Abschnitts hat Wissen zum Thema, das wir nur durch indirekte Beobachtung *mithilfe des Teleskops* gewonnen haben. Vielleicht ist im Wie des Reimschemas und seiner Entwicklung eine Reflexion über das direkte, stereografische Sehen mit unseren beiden Augen und das indirekte Sehen mithilfe von Mikroskopen, Teleskopen, ... dem „Differential Image Motion"-Monitor (Schrott, 2016, S. 44) verborgen. Stehen die Paarreime für unsere zwei gekoppelten Augen, steht das heterogenere Reimverhalten für die indirekte Beobachtung unter Zuhilfenahme von Geräten.

---

[48] Es ist interessant, dass Schrott den Zwergplaneten Pluto hier noch als Planenten in sein Vergleichsnarrativ einbezieht. Als *Erste Erde* veröffentlicht wurde, zählte Pluto schon eine Weile nicht mehr zu den Planeten, was auch medial fast schon aufdringlich kommuniziert wurde. Ob es sich hier um einen Lapsus oder ein Statement handelt, bleibt offen.

[49] Vergleichsnarrative dieser Art für das Sonnensystem, aber auch für atomare Größenordnungen sind in der Physik gang und gäbe. Die hier poetisierte Variante geht wahrscheinlich auf Richard Feynman zurück.

[50] Auffällig ist auch, dass gerade dieser Obstvergleich ungereimt bleibt. Er fällt aus dem Rahmen und lässt sich nicht in das Reimschema einordnen.

Ein weiteres wichtiges Phänomen in der Kosmologie ist die sogenannte „kosmische Hintergrundstrahlung". Im frühen Universum waren die Dichte und Temperatur so hoch, dass Protonen und Elektronen noch keine Atome bildeten. Das Licht – genauer: alle elektromagnetische Strahlung – konnte sich nicht frei durch das Universum bewegen, da sie andauernd durch sogenannte „Thomson-Streuung" an den freien Ladungen abgelenkt wurde und so an die Materie gebunden war. Da aber durch die Ausdehnung des Universums die Dichte soweit zunahm, dass die Temperatur auf ungefähr 3000 K (2727 °C) sank, konnte Wasserstoff entstehen, denn die Elektronen und Protonen, die sich elektromagnetisch anziehen, wurden nicht mehr auseinandergerissen. Man nennt diese Phase des Universums „Rekombinationsphase". Die Strahlung kann sich nun wesentlich freier durch das Universum ausbreiten, da an gebundenen Elektronen (fast) keine Thompson-Streuung mehr möglich ist: Das Universum „wird durchsichtig". Diesen kosmischen Strahlungshintergrund messen wir gleichförmig aus allen Richtungen. Die Weglängen, bevor Licht wieder gestreut wird, wurden schlagartig länger und so wird in Schrotts Text die Anzahl der vom Reim umgriffenen Verse auch schlagartig größer. Dieser Vergleich hinkt allerdings etwas, weil der Unterschied dieser sogenannten freien Weglängen vor und nach der Rekombination im frühen Universum gravierend größer war, als es der Unterschied der Entfernung der Reime vor und nach der Stelle auf Seite 54 ist, ab der eben nicht mehr nur Paarreime auftreten.

Noch ein anderes Szenario, das man in diesen Reimschemata-Verlauf hineinlesen kann, ist die Bildung der Materie; das heißt, der Atome mit steigender Zahl an Protonen im Kern. So kann man den Gesang als Ensemble der Zusammensetzung der Elemente im frühen Universum deuten. Der Reim verbände so zum Beispiel die beiden sich anziehenden Ladungen (Proton und Elektron). Ein Paarreim (*aa*) würde so für ein Wasserstoff-Atom stehen. Die komplexeren, „langreichweitigeren" Reime stellen in diesem Vergleich die Atome mit höherer Ordnungszahl[51] dar. Das Reimschema *abab* bände in gewisser Weise vier Verse zusammen, in denen es zwei Gruppen gleichartigerer Bestandteile gibt: So wie bei Helium, in dem vier Ladungen gebunden sind: zwei Elektronen und zwei Protonen.[52] Strukturen wie *acbbac*, *abccba*, ... könnten so für Lithium stehen und *abcadbdc* zum Beispiel für Beryllium. Längere Reimverbände treten im Gesang *Erstes Licht II* nicht auf. Eine Tatsache, die hervorragend zur Genese der Materie passt: Höhere Elemente (das heißt, solche mit mehr als vier Protonen im Atomkern) entstanden erst deutlich später. Alle anderen Elemente des Periodensystems entstehen erst durch Fusion in lebenden Sternen (bis einschließlich Eisen) oder beim Tod von Sternen in Supernovae (alle schwereren als Ei-

[51] Die Ordnungszahl ist die Anzahl der Protonen im Kern und somit im neutralen Fall auch die Anzahl der Elektronen, die an diesen Kern gebunden sind.

[52] Alternativ könnte der Reimverband auch für die Kernteilchen stehen: Hier sind es auch vier im Fall des Heliums (zwei Neutronen und zwei Protonen).

sen). Auch die Häufigkeitsanordnung passt: Paarreime treten mit Abstand am häufigsten in diesem Gesang auf; so wie auch Wasserstoff im (frühen) Universum am häufigsten auftritt. Je größer das Reimgefüge, desto seltener tritt es auf. Die Entstehung und Zusammensetzung der Elemente, die ein Urthema der westlichen Geistesgeschichte darstellen (so ist für mich deren theoretische Rahmung eindeutig strukturell-erhaben[53]) lässt sich im Reimschema erkennen.

Darüber hinaus gibt es noch einen Mechanismus, der nicht unerwähnt bleiben darf: (spontane) Symmetriebrechung. Oftmals erweist es sich in der Natur, dass in einem Ensemble von Konstituenten eine Symmetrie, die den zugrunde liegenden Bewegungsgleichungen nach gelten müsste, nicht realisiert ist. Zumindest der Anfang vom zweiten Abschnitt des zweiten Gesanges ist noch hoch symmetrisch und homogen: zweiversige Strophen – zweiversige Reime. Dann wird diese Symmetrie gebrochen und es treten eben jene – nun vielfach interpretierten – nicht mehr so symmetrischen, sich über mehrere Verse erstreckenden Reimgebilde auf. Mindestens zwei Symmetriebrechungen sind im frühen Universum maßgeblich: Der medial in jüngster Vergangenheit prominent vertretene *Higgs-Mechanismus*[54] zur Erklärung der Masse bestimmter Elementarteilchen[55] und die sogenannte *Baryonenasymmetrie*[56].

„Welche Struktur ist die richtige?", könnte man sich fragen. Es verhält sich aber wohl vielmehr so, dass *Sich-Reimen wesentlich nichts anderes ist als raumzeitliches Bezogen-Sein* (von Silben und ihren Klängen) und so können alle möglichen Szenarien analogisiert werden, in denen sich etwas als raumzeitlich Bezogenes darbietet. Die sich reimenden Versenden sind räumlich als Text und zeit-

---

53 Die überfordernde mannigfaltige Phänomenologie der uns entgegentretenden Erscheinungsformen von Materie – und alleine schon von Elementen – wird durch das Periodensystem schon übersichtlicher und durch die Physik der allerkleinsten Teile dann auch noch strukturell verständlich. Sogar die Genese dieser Bestandteile wird zum Teil erklärbar.

54 Wissenschaftsethisch ist wohl „Englert-Brout-Higgs-Guralnik-Hagen-Kibble-Mechanismus" angebrachter, da allen sechs Denkern Wertschätzung entgegengebracht werden sollte.

55 Den sogenannten Wechselwirkungsbosonen W^+, W^- und Z^0 der Vereinigung des elektromagnetischen Feldes mit dem der schwachen Kernkraft, die neben dem Photon ansonsten theoretisch keine Masse haben dürften. In der Realität ist aber nur das Photon masselos und die drei anderen Bosonen besitzen Masse.

56 Zu jedem Teilchen gibt es ein Antiteilchen mit negierten, aber vom Betrag her gleich großen Quantenzahlen (den wesentlichen Eigenschaften, die es als das Teilchen, das es ist, auszeichnen): zum Beispiel Elektron und Positron. Entstehen Teilchen, wenn genug Energie vorhanden ist, entstehen sie immer symmetrisch, sodass die Gesamtquantenzahlen vorher und nachher gleichbleiben. Treffen ein Teilchen und sein Antiteilchen aufeinander, *annihilieren* sie: Energie wird frei. So gibt es vorerst keinen guten Grund, warum von einem Typ mehr als vom anderen vorhanden sein sollte. Fakt ist aber, dass wesentlich mehr „normale" Materie als Antimaterie im Universum sichtbar ist. Warum dem so ist, ist eine spannende Forschungsfrage. Jedenfalls stellt der Umstand dieser Asymmetrie eine wichtige Symmetriebrechung im Prozess des Urknalls dar, denn spätestens seit kurz nach dem Urknall ist wesentlich weniger Antimaterie vorhanden.

lich als gesprochene oder kognitiv verarbeitete Sprache getrennt, aber dennoch einander zugeordnet. Dies ist derart allgemein, dass sich eben *mindestens* die oben erwähnten Beispielphänomene oder Theorie-Aspekte hineinlesen lassen.

Die Frage ist also müßig: All diese hier dargestellten Deutungsversuche klingen an, keinen davon nötigt der Text aber auf. Jedenfalls ist es passend, dass in diesen frühen kosmogenetischen Gesängen die vermeintlich veraltete – und auch nicht typisch-epische – Reimstruktur überhaupt Anwendung findet. Sie passt hervorragend, um über diesen zusätzlichen Kanal die vielen Spielarten physikalischer Bezogenheit in der Zeit und im sich ausdehnenden Raum (den anwachsenden Strophenlängen) darzustellen; und über Veränderungen und Brüche in ihr die Symmetriebrechung und die Materie, die in der Raumzeit – wie die Reime in den anwachsenden Strophen –, vorhanden ist.

* * *

Dass all jene Themen im Dunstkreis des Erhabenen liegen, offenbart das – oftmals autopoetologische – Epos selbst. Der siebte Abschnitt des zweiten Gesanges beginnt gleich mit

> „wie unendlich weit sind wir davon entfernt extremes zu verstehen
> um allein das nichts das uns dereinst verschlingen wird zu sehen
> diese immense dunkle bühne auf der man zwar eine beleuchtung
> doch keine akteure erkennt – eine über uns erhabene aufführung“
> (Schrott, 2016, S. 71).

Die dunkle Bühne des sich immer weiter ausdehnenden Universums ist es, in der wir scheinbar völlig untergehen und belanglos erscheinen. Auf ihr findet keine Handlung statt, nur bedingte Natur nimmt ihren Lauf; das Geschehen des Weltganzen scheint keine Ethik zu besitzen. „welcher rang | sollte dann wohl unseren angelegenheiten zugemessen werden“ (ebd.), fragt der Text daher weiter und liefert ein paar Verse weiter unten eine mögliche Antwort: „grösse liegt darin sich mit seiner bedeutungslosigkeit abzufinden | und aller stolz im sich behaupten“ (ebd.). Wir können uns also doch wiederum über die „über uns erhabene aufführung“ (ebd.), in der wir „bloss ein lichtpunkt“ (ebd.) sind, erheben. Das ist aber nur eine Antwort und man darf nicht vergessen, dass sie durch die Figur George Allen Moores artikuliert wird. Ist Bedeutung aber nicht eigentlich jenseits von Quantität? Ist es nicht gerade eher die Kleinheit, mit der wir uns abfinden, indem wir erkennen, dass unsere Größe auf einer ganz anderen Ebene verortet liegt? Nicht weil wir eines eher resignativen Abfindens fähig sind, gebührt uns Größe, sondern weil wir denken, fühlen, entscheiden; weil wir die Fragen nach uns und aber auch nach dem Universum stellen und scheinbar zum Teil beantworten können. Ethische Kategorien wie „Größe“ entstehen und bestehen im Miteinander und das findet hier auf der Erde statt; gleichzeitig können wir von diesem kleinen Punkt aus so viel über das ganze Universum erfahren. All diese Antworten gibt *Erste Erde* auch; aber performativ in ihrer Gesamtheit und ihrem Anliegen, in ihrem Zelebrieren der Kuriosität und des Fragens und der Freude an und Begeisterung über die (wenn auch oft wohl vorläufigen) Antworten. Im selben Atemzug scheint es aber so, als unterstelle der Text gerade diesen wissenschaftlichen Antworten oftmals ihre Gemachtheit; ihren nicht anteiligen, sondern vermeintlich wesentlichen Bezug auf rein Menschliches. Diese Einstellung zu Naturwissen ist ein Gegenstand des nächsten Abschnitts dieser Arbeit.

Das Bröckeln des Erhabenen – Schlussgedanken

„φύσις κρύπτεσθαι φιλεῖν."
(Natur liebt es, sich zu verbergen.)
— *Heraklit* (Fragmente, ca. 500 v. Chr.)

Die vorangegangenen knapp 70 Seiten dieser Arbeit mögen bis auf wenige Ausnahmen wie ein Loblied von *Erste Erde* in Bezug auf die Literarisierung des Erhabenen klingen. Es gibt aber (mindestens) zwei Gefahren, denen das Erhabene in Schrotts Epos ausgesetzt ist: Eine besteht in fachlichen Fehlern, die andere in einer Asymmetrie der Repräsentationen der Bedeutung des Anthropozentrischen und des A-Menschlichen im Prozess naturwissenschaftlicher Erkenntnisentfaltung.

Darf Literatur das?

Wie in jeder längeren Arbeit (so wie dieser Studie selbst) finden sich auch in *Erste Erde* Fehler. Es handelt sich aber nicht nur um oberflächliche, sondern auch fachliche Ungenauigkeiten. In diesem Abschnitt werden einige exemplarische Fälle betrachtet, da gerade bei einem Werk, dass sich wissenschaftliche Korrektheit auf die Fahnen schreibt, die Erhabenheit durch inhaltliche Fehler zu bröckeln beginnen kann. Die Frage, ob dem so ist, soll zumindest aufgeworfen werden.

Manche Fehler bestehen in einer nicht sehr tiefgreifenden Verwechslung: Nach einem Abschnitt des Vorwortes, in dem die sich als falsch erwiesenen Ansichten, dass die Erdoberfläche derart gekrümmt sei, dass wir in einer Hohlwelt leben, bzw. die Erde flach sei, wird präsentiert, wie es sich –, was heutzutage jedem selbstverständlich erscheint, – wirklich mit der Erde verhält: „Selbst dass die Erde konkav ist, sieht man erst aus einem Flugzeug und dann bloss [sic] ansatzweise." (Schrott, 2016, S. 19). Die Erde ist aber im Großen und Ganzen nicht „konkav" sondern „konvex". Hier wird eigentlich gemeint, dass die Erde rund ist (oder genauer: ein abgeflachtes Rotationsellipsoid); Der Autor verwendet gerade den falschen zweier mathematischer Fachbegriffe, die er auf der vorangehenden Seite noch richtig verwendet.

Im epischen Teil des Textes ist es durchaus verkraftbar, wenn aus ästhetischen Gründen nicht auf die mathematische Angebrachtheit einer genaueren oder ungenaueren Angabe geachtet wird. Im Kommentarteil, der „[U]nser Wissen" (Schrott, 2016, S. 685) prosaisch-paratextuell zusätzlich zu dessen Verarbeitung im eigentlichen Epos wissenschaftlich korrekt zusammenstellen will, sollte eine Zahlenangabe aber einfach stimmen. Entscheidet man sich für eine Angabe der

Messunsicherheit, dann sollte auch diese richtig sein,[57] denn die Angabe der Messunsicherheit gehört in den „harten Wissenschaften" zum Ergebnis mit dazu. Das macht die Methode der Naturwissenschaften aus: Sich der permanenten Hinterfragbarkeit und vor allem der Unsicherheit des Ergebnisses und auch des Rahmens, in dem das Ergebnis überhaupt nur gilt, bewusst zu sein und all dies zu kommunizieren. So steht zum Beispiel im Anhang: „Aufgrund unterschiedlicher Ableitungen wird das Alter des Universums mittlerweile auf 13,82 Milliarden Jahre (+/– 5 %) berechnet." (Schrott, 2016, S. 689). Die offiziellen Daten des Planck-Weltraumteleskops von 2015 sind andere: 13,799 ± 0,021 Milliarden Jahre.[58] Darüber hinaus gibt der Autor keine Quellenangabe an. Die einzige Angabe, die ich in einschlägigen Physiklehrbüchern und im Internet finden konnte, und die in die Nähe des Wertes aus *Erste Erde* kommt, ist 13,81 ± 0,04 Milliarden Jahre.[59] Man kann durch falsches Runden auf 13,82 ± 0,05 Milliarden Jahre kommen: Dies ist aber immer noch etwas anderes als „13,82 Milliarden Jahre (+/– 5 %)" (Schrott, 2016, S. 689), denn 5 % von 13,82 Milliarden Jahren sind 691 Millionen Jahre. Die 0,05 Milliarden Jahre, die eine angebrachtere Angabe (aber auch nicht der aktuellste Wert) der Messungenauigkeit sind, sind nur 50 Millionen Jahre.[60] Vielleicht hat Raoul Schrott die Fehlerangabe mit ± 0,05 als Prozentangabe missinterpretiert. Im nächsten Atemzug wird diese Dauer nun auf ein Jahr umgerechnet, dass er mit „365 Tage[n]" (Schrott, 2016, ebd.) angibt: Das Ergebnis in *Erste Erde* ist „37,8 Millionen Jahre" (ebd.), das auf dem Taschenrechner 37,9 Millionen Jahre. Dies lässt sich erneut durch einen Rundungsfehler erklären oder damit, dass beim Rechnen doch der genauere Wert für die Dauer eines Jahres verwendet wurde: 365,25 Tage. Denn unter Verwendung dieser Zahl kommen auch auf dem Taschenrechner die angegebenen 37,8 Millionen Jahre heraus.

Dies illustriert eine weitere Eigenart der Angaben im Anhang: Die Genauigkeit der Angaben variiert aus undurchsichtigen Gründen. Wird das Weltalter mit zwei Nachkommastellen angegeben, wird die Länge eines Jahres ohne Nachkommastellen angegeben, obwohl dies aber für das Ergebnis sogar einen Unterschied macht. Das Ergebnis der Rechnung unter Einbezug dieser beiden Größen wird weder mit zwei, noch mit keiner Nachkommastelle angegeben,

57 „Richtig" und „stimmen" meinen natürlich: den aktuellen Forschungsstand richtig widerspiegeln (d. h. aus aktuellen, verlässlichen Quellen stammen und richtig übernommen sein, richtig gerundet sein, überhaupt angebracht sein, ...).

58 S. 32: Ade et al., 2015: *Planck 2015 results. XIII. Cosmological parameters* (https://www.cosmos.esa.int/web/planck/publications). Aber auch schon der (in derselben Quelle auffindbare) Wert von 2013 ist ein anderer als die Angabe im Anhang von *Erste Erde*.

59 Sie findet sich auf der deutschsprachigen Wikipedia-Seite zu „Universum"; nicht auf der zu „Weltalter". (Die Zahl fand sich dort auch – in der öffentlich zugänglichen Versionsgeschichte des Artikels einsehbar – im Recherche-Zeitraum zu *Erste Erde*; also in den sieben Jahren vor Veröffentlichung des Buches im Herbst 2016.)

60 Die 0,021 Milliarden Jahre, der aktuellen Fehlerabschätzung, sind im Übrigen nur 0,15 % von 13,81 Milliarden Jahren.

sondern mit einer. Oftmals werden Größenangaben (wie die Planck-Zeit und viele mehr) nur auf eine einzige Stelle genau angegeben (und um dies tun zu können, werden sie scheinbar auf fragliche Weise gerundet), was wahrscheinlich der besseren Vorstell- und Verarbeitbarkeit dienen soll. Dieser Interpretation widersprechend finden sich wiederum andere Werte, die viel genauer angegeben sind (beispielsweise das Weltalter).

Eine halbe Seite weiter oben wird die Entfernung des Merkurs zur Sonne mit „57.910.000 km" (ebd.) angegeben und zur besseren Vorstellbarkeit (zusammen mit allen anderen Angaben desselben Absatzes) durch 1 Milliarde geteilt: Das Ergebnis im Anhang von *Erste Erde* ist nicht ungefähr 60 m, sondern „150 m" (ebd.).

Im übernächsten Abschnitt findet sich gleich zu Beginn die Aussage „Eine Millionen von Erdbällen passt in die Sonne, [...]" (ebd.). Teilt man das Sonnenvolumen (dessen angenommener Wert sich seit vielen Jahren nicht mehr viel verändert hat und der relativ genau bekannt ist), durch den der Erde (hier ist der Wert noch viel länger bekannt und ebenso stabil), erhält man als Ergebnis, dass 340.000 mehr Erdbälle in die Sonne passen, als angegeben.[61]

Mancher Wörter Verwendung erscheint im Anhang auch eher literarischer Natur: Was zum Beispiel „Emergenz" in „de[r] Urknall, den wir als Emergenz aus dem Nichts berechnen" (Schrott, 2016, S. 690) genau bedeuten soll, ist völlig schleierhaft, denn der Urknall ist eine Extrapolation der Ausdehnung des Universums, die wir messen, zurück in der Zeit, die auch zu kosmologischen Näherungen der Allgemeinen Relativitätstheorie passt.

Im Gesang *Erstes Licht II* stehen folgende Verse (sie bilden eine „Strophe"):

> „myriaden davon stehen über uns · sie zerinnen in einem strom
> von milch oder versickern in der schwarzen tiefe wie die aureole
> unserer nachbargalaxie: sie ist das allerfernste das sich am dom
> der nacht mit freiem auge erkennen lässt – als ihr licht erglomm
> zog der homo rudolfensis sich eben einen dorn aus der fusssohle"
> (Schrott, 2016, S. 61).

Unsere Nachbargalaxie, die Andromedagalaxie, ist auf der Nordhalbkugel für einen ungeübten Beobachter unter durchschnittlichen Bedingungen das entfernteste, das man mit eigenen Augen gerade noch sehen kann. Für einen geübten Beobachter unter sehr guten Bedingungen (zum Beispiel in einem von Lichtverschmutzung wenig betroffenen Tal bei völlig klarem Himmel) lassen sich noch der Dreiecksnebel M33 und die beiden sogar 12 und 15 Millionen Lichtjahre entfernten Gebilde Centaurus A und Messier 83 mit bloßem Auge sehen. In der Randnote steht neben dieser Strophe „der 2,5 Millionen Lichtjah-

61 Man kann das Ergebnis in *Erste Erde* allerdings fast retten, in dem die Erde nicht einfach von ihrem Volumen her in die Sonne klumpt, sondern sich die sogenannte „dichteste Kugelpackung" von Erdbällen in der Sonne ansieht und so Hohlräume freilässt: Dann kommt man (auf eine Stelle vor dem Komma gerundet) auf 1 Million.

re entfernte Andromedanebel als unsere Nachbargalaxie in der Milchstraße" (ebd.). Allerdings liegt sie nicht *in* der Milchstraße (unsere Galaxie), sondern eben ungefähr 2,5 Millionen Lichtjahre daneben. Was das „in" also ausdrückt, ist mindestens missverständlich.

Sogenannte Kochsche Kurven können zur annähernden Beschreibung von Schneeflocken verwendet werden. Neben dem epischen Text steht hierzu die Randnote „Kochsche Kurve als Beschreibung einer Schneeflocke" (Schrott, 2016, S. 134) und im Text:

> „im fortwährenden wiederholen des gleichen auf stets andere weise
> wird jeder schneekristall sich selbst ähnlich ohne seiner idealform
> je zu entsprechen [...]"
> (Schrott, 2016, S. 134).

Es ist zwar richtig, dass die Kochsche Kurve selbstähnlich ist. Die Kochschen Dreiecke zur Approximation der Schneeflocken sind durchaus *fraktal* und haben so mit Selbstähnlichkeit einiges zu tun. Sie sind aber im eigentlichen mathematischen Sinne nicht selbstähnlich.[62]

In den *Lichtzeichnungen* findet sich auch ein vermeintliches mathematisches Paradoxon als Metapher (im weiteren Sinne) für immer Unvollständiges:

> „drei drittel ergeben 1 · sieht man aber in der saite eine reihung
> von unendlich vielen punkten lassen dreimal 0,333... periodisch
> immer irgendeine winzigkeit übrig · als wegstrecke aufgefasst
> gelangt man somit nie an ein ziel [...]"
> (Schrott, 2016, S. 133).

Multipliziert man den Bruch $1/3$ mit 3 erhält man ganz offensichtlich $3 \cdot 1/3 = 3/3 = 1$. Multipliziert man hingehen dieselbe Zahl nur in Gleitkommadarstellung (0,333....) mit 3, erhält man 0,999.... Es scheint so, als fehle etwas zur 1. Was hier als numerischer Vetter von Zenons Paradoxon dargestellt wird, ist ein Missverständnis lediglich verschiedener Bezeichnungen für ein und dieselbe Zahl. $0{,}9999... = 1$, genauso wie $0{,}333... = 1/3$. Gleitkommadarstellung und Bruch sind nur andere Namen für dieselbe Zahl; andere Signifikanten für dieselben Signifikaten. In dieser periodischen Notation verbirgt sich sogar noch die Geschichte des Überkommens von Zenons Paradoxon:

$$0{,}\overline{9} = 0{,}999... := 0{,}9 + 0{,}09 + 0{,}009 + ... = \lim_{N\to\infty} \sum_{n=1}^{N} \frac{9}{10^n} = 1.$$

[62] Selbstähnlichkeit bedeutet, dass man beliebig rein- und rauszoomen kann und beim sich ergebenden Bild nicht entscheidbar ist, wie sehr rein- oder rausgezoomt wurde, da der Ausschnitt mit dem Ganzen identisch ist. Beim Kochschen Dreieck kann man nur beliebig reinzoomen; nicht heraus. Und auch beim Reinzoomen ist der Teil nicht mit dem Ganzen identisch, sondern nur mit einem Drittel davon.

Genau wie Zenons Paradoxon eigentlich keines ist und der Grenzwertbegriff in der Mathematik die falschen Intuitionen entlarvt, die zum Paradoxon führen, in dem der Läufer die Schildkröte nicht einholen können müsste, es aber ja doch tut, ist der Gehalt dieser zitierten Passage aus *Erste Erde* auch kein Paradoxon. Besonders dieses Beispiel hat mit dem Erhabenen zu tun, speziell mit dem Mathematisch-Erhabenen, denn dass die Zahl, die man erhält, wenn man unendlich viele Terme der Art 0,0…09 addiert,[63] genau 1 *ist* und gerade nichts unendlich Kleines noch fehlt, ist ein Paradebeispiel dafür, dass der menschliche Geist doch mit Unendlichem umgehen kann; dass dieser Umgang produktiv und für die Beschreibung der Welt nützlich ist. Was als Beispiel für eine erhabene Errungenschaft des menschlichen Geistes (Formalisierung des Unendlichen, Grenzwertbegriff, Analysis) hätte dienen können, wird undurchsichtig als Paradoxon verkauft, vielleicht um anzudeuten, dass wir uns mit unseren mathematischen Beschreibungen der Welt dieser nur annähern. Das mag sein; aber aus anderen (guten) Gründen.

Im selben Gesang dienen Höhlen und Gletscher als Beispiele für das Auftreten des Graphen sogenannter Polynome zweiten Grades: Parabeln.

> „[…] – natur welche empordringt und drängt
> um zurückgedrungen wieder nach unten gezwungen zu werden –
> die bruchstücke einer parabel deren leitlinie die schwerkraft ist
> der alles unterworfen bleibt · finde ich den richtigen brennpunkt
> wird ihre unsichtbare kurve sichtbar in salbändern und gängen
> von gestein den rissen einer gletscherzunge · im hohl der wellen
> oder der flugbahn des kiesels den ich auf eine wasserfläche werfe“
> (Schrott, 2016, S. 138 f.).

Die Flugbahn eines Kiesels ist durchaus annäherungsweise ein Stück eines Parabelbogens, die (meist) gekrümmte Berandung von Gängen gegen ihr Nebengestein (Salbänder) kann aus dem richtigen Winkel ähnlich wie eine Parabel aussehen: das kann aber jede gekrümmte Figur. Die Aushöhlungen von Wellen sind ebenso beliebige wie unangebrachte Beispiele für Parabeln, denn sie werden durch – Überlagerungen von – Sinus- und Kosinusfunktionen beschrieben und können wie Risse in Gletscherzungen alle möglichen Formen haben und einige davon aus dem richtigen Winkel fotografiert durchaus parabolisch wirken. Das ist aber genauso willkürlich, wie bestimmte Bücher auszuwählen, deren erste Wörter zufällig zu irgendeiner Idee oder in irgendeinen Zusammenhang passen und sie aber in eine Reihe von Beispielen einzugliedern, die eine Natürlichkeit des Auftretens suggerieren. Noch willkürlicher wird die Verarbeitung der Fibonacci-Folge:

63 Genau das drückt der kompliziert anmutende Term zwischen den beiden letzten „=“-Zeichen in der obigen Formel aus.

„diese ratio ist eine irrationale zahl – doch steckt sie in so vielem
die lilie hat 3 blütenblätter der hahnenfuss 5 · der rittersporn 8
das jakobskraut 13 · und die silberdistel bald 21 34 55 oder 89
wieviel ergibt sich aus den beiden zahlen davor – welche dividiert
dem · immer weiter näherkommen · in solchen fibonacci-folgen"
(Schrott, 2016, S. 134 f.).

Dass die Anzahlen der Blütenblätter dieser Pflanzen eine Fibonacci-Folge bilden, ist falsch. Zwischen diesen Pflanzen besteht keine natürliche Anordnung; geschweige denn Beziehung. Die Zahlen 3, 5, 8, 13, 21, 34, 55 und 89 bilden *in dieser Reihenfolge* und *als zusammengehörig erkannt* einen Teil der Fibonacci-Folge. Aber Lilie, Hahnenfuß, Rittersporn, Jakobskraut und die verschiedenen Silberdisteln haben keine Anordnung. Man kann immer passende Anzahlen von beliebigen Dingen zusammensuchen und dann außerdem auch passend anordnen und bekommt so den Eindruck, die jeweilige Folge „steckt [...] in so vielem" (ebd.). Die Buchstabenanzahlen in den Wörtern „Tee" (3), „Würde" (5), „Wahrheit" (8), „Unendlichkeit" (13) offenbaren auch nicht die Fibonacci-Folge in der deutschen Sprache.[64]

* * *

Ob diese Ungenauigkeiten, Verwechslungen oder auch Verständnisfehler dem Aufkommen der Empfindung des Erhabenen entgegenwirken, ist etwas ganz Subjektives. Wie es beispielsweise bei einem Klavierwerk von dem Einen als ungemein störend empfunden werden kann, dass sich der/die PianistIn ein paarmal verspielt hat –, sei es aus Sensibilität den Fehlern gegenüber, sei es, weil wichtige Stellen dadurch unverständlich wurden oder aus einem ganz anderen Grund –, kann von dem Anderen als völlig nebensächlich empfunden werden, weil etwa Stimmung, Musikalität, Ausdruck, ... sehr wohl vorhanden und vielleicht sogar meisterhaft waren.

In Diskussionen über *Erste Erde* mit einigen Physikern konnte ich einen Effekt beobachten, der die Empfindung des Erhabenen aufgrund der Fehler verhinderte; ganz ähnlich der Verhinderung des Pathetisch-Erhabenen. Ist es bei Schiller echte Furcht, die nicht durch das Drama ausgelöst werden darf, da sonst der Erhaltungstrieb ästhetische Wahrnehmung verhindert, ist es hier eine charakteristische Abwehrhaltung, die mit durchaus starken Emotionen einhergehen kann: Treten bei zu vielen Begriffen kleine Fehler und bei einigen Zahlen und Zusammenhängen aber gröbere Schnitzer auf, wird irgendwann das Vorurteil genährt, dass „wenn jemand die einfachen Dinge schon nicht versteht oder genau nimmt, er dann so etwas wie *Kosmologie* sicher auch nicht anständig verstehen und dann literarisieren kann". Dies ist eine Paraphrase der „mittleren Ansicht", wie sie mir in der ein oder anderen Form oft zu Ohren kam und – wie

64 Diese Willkür ist ganz nah an den esoterischen Zahlenspielereien, denen die ersten Abschnitte der Genesis gerne zum Opfer fallen.

ich gestehen muss – sie auch selber hatte, als ich *Erste Erde* zum ersten Mal las. Die Frage bleibt: Darf Literatur das? Diese Frage ist –, wenn auch ähnlich,– eine ganz andere als die berühmte Frage, ob Homer lüge, denn der Rahmen von *Erste Erde* ist ein ganz anderer als der der *Ilias* und *Odyssee*. Schrotts Epos kommuniziert auf vielen Kanälen, dass es den Anspruch auf naturwissenschaftliche Korrektheit hat, dadurch entsteht auch eine gewisse Verantwortung der Präzision mühsam erarbeiteter Werte, Techniken und Begriffsbildungen gegenüber. Der Umgang mit Zahlen und begrifflicher Präzision wirkt passagenweise lieblos und so entsteht der Eindruck, dass manchmal keine Einarbeitung in die Tiefe stattgefunden haben kann.

Mittlerweile hat sich zumindest bei mir ein Mäßigungseffekt eingestellt und so hat sich meine Antwort auf die Frage mit der Zeit gewandelt: Ja, Literatur darf das! ... *aber in Maßen* (sowohl hinsichtlich der Intensität, als auch der Häufigkeit). Die angesprochenen kosmologischen Zahlenungenauigkeiten schmälern für mich das Leseerlebnis des epischen Textes, auf den der entsprechende Teil des Anhangs bezogen ist, nicht mehr maßgeblich. *Erstes Licht I & II* operieren auf so vielen Ebenen auf eine solch dichte Weise, das kleine Fehler im Anhang nicht zuletzt in der Bildlichkeit und dem Sprachklang des eigentlichen epischen Textes untergehen.

Der Gesang *Lichtzeichnungen* hingegen verliert aber an Wirkung, da die in ihm verarbeiteten Themen eine ideale Folie für das Strukturell-Erhabene böten.[65]

Erste Erde insgesamt erleidet dadurch also Einbußen, ist aber an der Grenze: Für mich wirft jedes Stolpern über Ungereimtheiten die Frage neu auf. Bisher fand der Text aber auch immer wieder eine Antwort.

Die Penetranz des Homo-Mensura-Satzes

Es wirkt, als ob *Erste Erde* vom protagoreischen Homo-Mensura-Satz geradezu durchsetzt ist; also der Idee, der Mensch sei das Maß aller Dinge. So finden sich sehr viele Beispiele dafür im Text, dass die naturwissenschaftlichen Theorien und Erklärungen von alten und alltäglichen menschlichen Vorstellungen (wie Mustern antiker Mythen) wesentlich geprägt seien.

In einer Passage innerhalb des *Erstes Lichts II*, in der es um die Beziehungsdynamiken der „drei männer die einander sonst ignorieren würden" (Schrott, 2016, S. 63) geht, die nun aber miteinander auskommen müssen, da sie gemeinsam in die Einschätzungsarbeit, ob es sinnvoll ist, auf dem Cerro Armazones dann das weltgrößte Spiegelteleskop zu bauen, eingebunden sind, heißt es:

---

[65] All dies müsste aber wohl auch soziologisch, psychologisch und statistisch untersucht werden, um wirklich eine wissenschaftliche Aussage daraus zu gewinnen.

„'eine art von kameradschaft' · 'so als bräche in uns ein widerstand' und 'die erste abwehr überwunden schweisst uns nun dieses band gezwungener vertrautheit zu einer zweckgemeinschaft zusammen': mit ähnlichen sätzen beschreibt unsere begrenzte vorstellung auch prozesse im anbeginn des alls wiewohl sie dem alltagsgebrauch menschlichen erfahrungen und verhaltensweisen entstammen" (Schrott, 2016, S. 63 f.).

Dieser Abschnitt betont nicht, dass wir *trotz* unserer begrenzten Vorstellungskraft die Prozesse im frühen und frühsten Universum, deren Strukturen sehr weit von den Strukturen des Alltags und der Alltagsmetaphorik entfernt sind, zumindest versuchs- und ansatzweise verstehen können, da WissenschaftlerInnen durch mühsame, kreative und langjährige Feinarbeit formale Gebilde gefunden haben, die zumindest in großen Bereichen sehr gut das beobachtbare Geschehen reproduzieren und die sich in ebenso mühsamer, kreativer und langjähriger Arbeit nachvollziehen und erlernen lassen.[66]

Die naturwissenschaftlich Forschenden erklären sich nicht (nur) mit den Alltagsmetaphern die Welt. Die Metaphern gehen inspirativ und motivativ (vielleicht viel öfter als den WissenschaftlerInnen bewusst) durchaus in die kreative Theoriegenese (und -modifikationsphase) oder Experimentaufbauten ein, sie mögen den Forschungsdiskurs insgesamt auch organisieren oder beim Einwerben von Mitteln im Speziellen oder der Wissenschaftspolitik im Allgemeinen wirken. Sie fallen aber oft wieder heraus, wenn die Beobachtung etwas anderes erzwingt, und sind für das resultierende rein theoretische Gebilde oftmals obsolet. Sie treten dann aber wieder vermehrt wissenschafts*kommunikativ* auf. Vor allem populärwissenschaftlich oder in der innerwissenschaftlichen Pädagogik bieten sie sich natürlich an, um ein erstes Verständnis zu ermöglichen, einen Zugang zu schaffen bzw. sind mnemonisch hilfreich.

In *Erste Erde* folgt aber auf die oben zitierte Passage: „mit ihrer hilfe erklären wir uns weshalb [...]" (Schrott, 2016, S. 64), worauf Beispiele naturwissenschaftlich untersuchter Phänomene folgen. Der Text ermangelt eines „unter anderem" oder es fehlt eine Einordnung, die erkennen lässt, dass eine Theorie erklärend dahintersteht und nicht nur die Bilder der Beziehungsdynamiken es sind, mit denen wir uns etwas erklären. Wir kommunizieren durch sie Aspekte der eigentlichen Erklärung; besser: der eigentlichen Beschreibung.

In diesem Zusammenhang und in Bezug auf unsere Erklärungsmechanismen und Bilder lässt Schrott seine Figur *George Allan Moore* Folgendes sagen:

[66] Das gilt natürlich nicht nur für die Kosmologie, sondern auch für alle anderen Bereiche der Naturwissenschaften.

„unsinn also · denn wir übertragen *bloss* modelle unserer welt – beziehungsdynamiken … privaten quark dem wir einen dreh zu geben versuchen – beinahe beliebig auf elementarpartikel und färben das universum damit ein […]“ (Schrott, 2016, S. 64).[67]

Auch wenn hier nicht unbedingt Raoul Schrott selbst spricht, da es sich ja um Literatur handelt, entsteht nicht der Eindruck, dass hier nur eine Sicht im Sinne einer Vielstimmigkeit der Haltungen im Wissenschaftsdiskurs zum Ausdruck kommen soll, denn der Text ermangelt der Alternativen. Ebenso wenig ist diese Ansicht derart ironisch übertrieben, dass der Text klar als Kritik dieser Einstellung verstanden werden könnte. Darüber hinaus passt sie zu einer Stelle, die vor dem eigentlichen epischen Text steht, und ausdrückt, dass „das Wissen über die Bildung von Galaxien *unsere* Denkweisen widerspiegelt“ (Schrott, 2016, S. 5).[68]

Im Rahmen der Entstehung der Elemente findet sich der Vers: „wie ähnlich sich die denkarten sind – ob alchemie oder kosmologie –“ (Schrott, 2016, S. 68) und im selben Abschnitt steht auch „wir denken materie als nervenfasern“ (Schrott, 2016, S. 64). Die Position, die beiden Aussagen unterliegt, lässt eine antagonistische im Epos vermissen.

Das geht so wesentlich gegen das Erhabene der naturwissenschaftlichen Erkenntnis, um die es ihm eigentlich bestellt zu sein scheint und es geht gegen zwei der vielleicht wichtigsten *Erfahrungen*, die der Naturwissenschaftler macht. Besonders die theoretische Physik und Mathematik, im Kern aber jede Naturwissenschaft steht gerade dazu in Opposition. Selbstverständlich werden sie den menschlichen Einfluss und von ihrem geschichtlichen Verlauf her allein in ihrer inspirativen Dimension die mythischen Einflüsse und menschlichen (Alltags-)Denkmuster nicht los. Aber gerade die beiden großen Säulen der Physik, die Allgemeine Relativitätstheorie, die Grundlage der in *Erste Erde* verhandelten physikalischen Kosmologien/-gonien, und die Quantenmechanik, mit der sich Schrott nachweislich schon lange beschäftigt[69] , sind paradigmatisch für wissenschaftliche Einsichten, die aus guten physikalischen – insbesondere empirischen – und aber genauso theoretisch-philosophischen Gründen geradezu dadurch ausgezeichnet zu sein scheinen, in weiten Teilen von der Alltagserfahrung, dem gesunden Menschenverstand, mythischen Vorstellungen und basalen menschlichen Begriffen zu differieren. Ganz viel wissenschaftliche Feinarbeit ist sowohl von den ganz Großen des Fachs als auch von einem Meer an Forschern geleistet worden, um zu überprüfen, ob sich die Quantenmechanik letztlich doch mit intuitiveren, menschlicheren Vorstellungen fassen lasse. Aber alle Ver-

---

67 Die Kursivierung in diesem Zitat stammt nicht von Raoul Schrott.

68 Auch die Kursivierung in diesem Zitat stammt nicht vom Autor des Epos.

69 Siehe zum Beispiel in seinem Gedichtband Tropen das Gedicht „Niels Bohr – Korrespondenzprinzip (Schrott, 1998, S. 162).

suche scheiterten. Und wie es (gleichzeitig theoretisch wie auch empirisch) aussieht, auf eine ganz wesentliche und tiefe Weise (von der Unschärferelation über die Auflösung des EPR-Paradoxons bis zu den Bellschen Ungleichungen und dem sogenannten Kochen-Specker-Theorem). Es ist eher so, dass die Physik versucht, auszuhandeln, wie die Dinge, die sie untersucht, *wirklich* funktionieren, das heißt unabhängig davon, wie wir sie gerne hätten (zum Beispiel, damit sie leicht eingängig sind); zumindest, wie wir sie beschreiben können. In jedem Fall hat sich demnach herausgestellt, dass sich gerade, je weiter die Wissenschaft fortschreitet (d. h., je mehr Phänomene sie erfolgreich in ihr Weltbild bei möglichst wenigen Annahmen eingliedern kann), desto ferner sich die Theoriegegenstände vom Menschen und unseren mythischen Vorstellungen entfernen. Vielleicht unterliegt diese Einstellung auch *Erste Erde*, sie wirkt aber gegenüber der hier kritisierten Homo-Mensura-Haltung unterrepräsentiert.

Niemand kann sagen, ob sich nicht alles eines Tages in einem einfachen Bild zusammenfassen lässt und dieses – aus welchen Gründen auch immer – eine Nähe zu mythologischen Vorstellungen besitzt. Nach bestem Wissen und Gewissen sieht es einfach nicht danach aus. Genauso selbstverständlich haben wir Menschen dann die Tendenz, uns dennoch diese a-menschlichen Umstände „mit [unseren] menschlichen Maßstäben modellhaft anschaulich [zu] machen“, was Schrott aber selbst inkonsistenterweise als nicht möglich abtut (Schrott, 2016, vgl. S. 5). Er demonstriert dem zum Trotz selbst, wie gut dies geht; zum Beispiel als er die Abstands- und Größenverhältnisse im Sonnensystem mit von einem Auto fallendem Obst illustriert (Schrott, 2016, S. 48 f.).

Angebrachter wäre die Aussage, dass der Mensch *ein* Maß *vieler* Dinge ist und für beide Ausprägungen (wie stark er Maß des jeweiligen Dinges ist und für welche Dinge überhaupt) wiederum ein Maß anzugeben, anstatt penetrant gerade den Errungenschaften des menschlichen Geistes, bei denen er am fairsten von sich Abstand nimmt – sich *methodisch* heraushält – und Strukturen des Weltganzen offenlegt, die so ganz und gar nicht anthropomorph sind, zu unterstellen, sie seien wesentlich von menschlichen – vor allem mythischen und insbesondere – fiktiven Gehalten durchsetzt.

Es ist eher so, dass es eben eine Mannigfaltigkeit an menschlichen Vorstellungen, Geschichten und Mythen gibt, die auf *manche* wissenschaftliche Ergebnisse *teilweise* passen. In diesen Fällen empfehlen sich diese „Geschichten“ dann natürlich dem Geist an, da sie oft grundmenschliche Erfahrungen verpacken und so der abstrakte Gehalt leichter vermittelt werden kann. Aber dann könnte man freilich auch ein Narrativ spinnen, in dem diese Vorstellungen, Geschichten und Mythen unseren heutigen wissenschaftlichen Vorstellungen vermeintlich ausschließlich vorausgehen oder letztere auf erstere reduzibel sind. Hier wäre eine „Haltung des Auch“ angebracht und nicht, im Raum stehen zu lassen, wir träten hier quasi auf der Stelle und seien nicht fähig, wesentlich weiter über den Tellerrand hinauszusehen, als wir es in Homers *Odyssee* oder Hesiods

Theogonie taten. Das ist eine (für manchen Geisteswissenschaftler und besonders Wissenschaftssoziologen) verlockende Vorstellung, die aber sicher nicht die ausschließliche Realität des Wissenschaftsdiskurses ist.

Wenn überhaupt lässt sich sagen, dass auf der Seite unserer kognitiven Prozesse beim Erkennen, Verstehen und Veranschaulichen ähnliche Denkmuster wie im mythischen Kontext *auch* auftreten; nicht aber, dass sie immer wesentlich für das Erkannte, Verstandene oder zu Veranschaulichende sind.

Eine weitere Textstelle, die diesen „Mangel des Auch" illustriert, findet sich im Vorwort:

> „[...] – unser Wissen.
> Wie die darin durchscheinenden Mythen zeigen, haben sich die Vorstellungen vom Ursprung des Universums nur wenig verändert. Es ist, als könnten wir nicht anders [sic] als die mittlerweile gewonnenen Daten am Ende immer noch in die Raster einzupressen, mit denen wir zu denken begonnen haben."
> (Schrott, 2016, S. 19).

Dabei wäre es so einfach gewesen, diese Aussage leicht zu modifizieren –, das Auch zumindest dezent durchscheinen zu lassen –, sodass sie erkennen ließe, dass es nicht „bloss [sic]" (Schrott, 2016, S. 64) Modelle unserer Beziehungsdynamiken sind, sondern eben „auch"; dass es nicht „unsinn" (ebd.) ist, sondern dass in manchen Eigenschaften, Ausprägungen und Strukturen durchaus in Teilen „Ähnliches" im Alltag auftritt. Keine Kosmologin und kein Kosmologe erklärt sich die Welt ausschließlich mit Bildern wie dem Gummituch, das durch einen Ball eingedellt wird, sondern wissenschaftskommunikativ wird dieses Bild für gewisse Aspekte verwendet. Es ist gerade nicht „beinahe beliebig" (Schrott, 2016, S. 64), was wir übertragen, und die Erklärung ist nicht *nur* auf Übertragungen reduzibel, sondern auch.

Es kommt nicht von ungefähr, dass der große Physiker Richard Feynman nicht nur für seine lebhaften, pädagogisch hervorragenden Metaphern, Erklärungen und das Sinnhafte der Theorie herausstellenden Bilder bekannt ist, sondern auch für die Divise „Shut up and calculate!" (also: Halt den Mund und rechne!)[70]. Wichtig ist das Sowohl-Als-Auch: Metaphern sind wichtig im Wissenschaftsprozess; Rechnung und Theorie können diesen Rahmen aber sprengen. Gerade damit geht das Erhabene naturwissenschaftlicher Erkenntnis einher: Die bisherigen Codes passen nicht zum Verstehen durch Übertragen, die bisherigen Schubladen, Kategorien können das Phänomen nicht aufnehmen, aber die Modellbildung ist fähig, neue Begriffe einzuführen und mit diesen das Phänomen doch zum Teil beherrsch- und verstehbar zu machen; auch wieder durch Vergleich, aber nun mit den meist mathematischen Strukturen, die es in der vorherigen Form nicht gab: und schon gar nicht im Alltag.

[70] Die Urheberschaft ist nicht ganz geklärt. Das Zitat, eher: diese Einstellung, wird auch Niels Bohr, Paul Dirac oder David Mermin zugeschrieben.

Die Penetranz des Homo-Mensura-Satzes ist auch mit der Einstellung des frühen Nietzsche verwandt, der in seinem Essay *Über Wahrheit und Lüge im außermoralischen Sinne* (1873) folgende berühmte Worte schrieb:

> „Was ist also Wahrheit? Ein bewegliches Heer von Metaphern, Metonymien, Anthropomorphismen kurz eine Summe von menschlichen Relationen, die, poetisch und rhetorisch gesteigert, übertragen, geschmückt wurden, und die nach langem Gebrauche einem Volke fest, canonisch und verbindlich dünken: die Wahrheiten sind Illusionen, von denen man vergessen hat, dass sie welche sind, Metaphern, die abgenutzt und sinnlich kraftlos geworden sind, Münzen, die ihr Bild verloren haben und nun als Metall, nicht mehr als Münzen in Betracht kommen."
> (Nietzsche, 1873, S. 15 f.).

Es gibt in *Erste Erde* eine Stelle, die hier direkt einstimmt:

> „astronomen und quantenphysiker – müssen eingestehen dass wir
> nie mehr als nur ein metaphorisches verständnis vom innenleben
> der natur erlangen werden [...]"
> (Schrott, 2016, S. 177).

Wieder in Ermangelung einer Gegenposition verbleibt der Rezipient von *Erste Erde* so vielleicht in der Annahme, dass die Verdienste der modernen Physik, deren beider Säulen die Allgemeine Relativitätstheorie und Quantenmechanik sind, –, wie es in „astronomen und quantenphysiker" (ebd.) anklingt, – in Bezug auf ein Verständnis der Welt *nur* in Metaphern und vor allem Anthropomorphismen bestünden. Das Verständnis des Erhabenen naturwissenschaftlicher Erkenntnis, wie es in dieser Arbeit entwickelt und vertreten wird, steht ganz entschieden gegen so ein Nur; ... und nicht nur das Verständnis des Erhabenen naturwissenschaftlicher Erkenntnis. Auch Nietzsche lässt die Haltung des Auch vermissen, er schreibt nicht „*manche* Wahrheiten sind Illusion" oder „Was ist also Wahrheit? *Zu großem Teil* ein bewegliches Heer von Metaphern [...]". Wer kann aus welchem Grund sagen, dass beispielsweise das Verständnis, das *in* einem sprachlichen Ausdruck wie „Ich verstehe dich" gemeint ist, ausschließlich ein metaphorisches ist? Wie steht es um die „negativen Aussagen" der Naturwissenschaften, wie zum Beispiel „dass die Welt mit an Sicherheit grenzender Wahrscheinlichkeit nicht auf die Weise funktioniert, die Newton sich dachte"? Und wer kann sagen, dass beispielsweise das Verständnis über Raum und Zeit, dass in den Einstein-Gleichungen

$$R_{\mu\nu} - \frac{1}{2}g_{\mu\nu}R = \kappa T_{\mu\nu}$$

und in ihrer Begründung *und* ihrer Anwendung, der Angabe des Bereiches ihrer Anwendbarkeit *und* allen weiteren Facetten naturwissenschaftlichen Wissens (expliziter und impliziter Natur), das mit der scheinbar isolierten Formel einhergeht, steckt, insgesamt nicht mehr als Metaphern und Anthropomorphismen ist?[71]

* * *

Die Empfindung des Erhabenen naturwissenschaftlicher Erkenntnis tritt ein, wenn uns gewahr wird, dass da nicht nur mehr ist, als wir in unserer bisherigen Sphäre von Metaphern und Anthropomorphismen fassen können, sondern dass da auch mehr ist als diese Sphäre: Die Möglichkeit sie zu erweitern; ihre Grenzen nach außen zu treiben oder an nötigen Stellen auch nach innen. In Nietzsches Metaphorik könnte man ihm polemisch entgegnen: Das bewegliche Heer der Metaphern, Metonymien und Anthropomorphismen kann aufgestockt und umstrukturiert werden und in diesem strategischen Wissen steckt mehr als Übertragung und Menschliches. Das Erhabene markiert diesen Prozess, denn an ihm wird uns bewusst, was uns ausmacht: Ethik, Ästhetik und Analytik.

Das Erhabene ist zumindest ein wichtiger Topos von *Erste Erde*, aber sicher nicht der einzige. *Erste Erde* ist zu lang, zu dicht und zu vielschichtig, dass ich mir an dieser Stelle ein abschließendes Urteil über die Literarisierung naturwissenschaftlicher Erkenntnis im Epos (vor allem in Bezug auf das Erhabene) anmaßen könnte. Es lässt sich lediglich festhalten, dass passagenweise das Erhabene naturwissenschaftlicher Erkenntnis und Erfahrung organisch und meisterhaft in den Text eingewoben ist und dass das Epos durchaus die Fähigkeit besitzt, diese Empfindung auch selbst auszulösen. Inhaltliche Ungenauigkeiten, der bisweilen prätentiös-belehrende Ton des Autors und – damit einhergehend – die Penetranz der Homo-Mensura-Idee zehren aber am Erhabenen. Für eine Erzählung, die als Epos eigentlich in das Reich des mündlich Tradierbaren fällt, fehlt ihr, um sich der Erinnerung anzuempfehlen, die „keusche Gedrungenheit, welche sie psychologischer Analyse entzieht" (Benjamin, 1936, S. 392). Abschließend möchte ich dies aber mit anderen Worten Benjamins relativieren:

> „Die Kritik sucht den Wahrheitsgehalt eines Kunstwerks, der Kommentar seinen Sachgehalt. Das Verhältnis der beiden bestimmt jenes Grundgesetz des Schrifttums, demzufolge der Wahrheitsgehalt eines Werkes, je bedeutender es ist, desto unscheinbarer und inniger an seinen Sachgehalt gebunden ist. Wenn sich demnach als die dauernden gerade jene Werke erweisen, deren Wahrheit am tiefsten ihrem Sachgehalt eingesenkt ist, so stehen im Verlauf dieser Dauer die Realien dem Betrachtenden im Werk desto deutlicher vor Augen, je mehr sie in der Welt absterben. [...] [Daher] umfaßt jede zeitgenössische Kritik, so hoch sie auch stehen mag, in ihm [dem Werk] mehr die bewegende als die ruhende Wahrheit, mehr das zeitliche Wirken als das ewige Sein."
> (Benjamin, 1922, S. 3 f.).

---

[71] Damit sind nicht nur, aber auch die ganzen populären Metaphern gemeint: von der Delle im Gummituch über den zerknautschten Schwamm und die Bühne, auf der ein Stück gespielt wird, das die Bühne selbst verändert, bis hin zum Schwarzen Loch.

Vielleicht ist eine echte Kritik von Gegenwartsliteratur gar nicht möglich und das Urteil über *Erste Erde* wäre ein ganz anderes, wenn sich nach den nächsten größeren (natur-)wissenschaftlichen Revolutionen wieder einmal tiefgreifende Veränderungen unseres Weltbildes ergeben haben werden und so der Sachgehalt des Epos gegenüber seinem Wahrheitsgehalt zurückgetreten sein mag.

„Überall da nämlich, wo das eigene Material sich ihr über Sinne und Verstand hinaus ins Unkontrollierbare entzieht, während sie es doch auch noch da als existent in ihrem Sinn feststellen, oder sogar noch praktisch einschätzen kann. Von jenseits der kurzen Kontrollstrecke, die unsrer Beaufsichtigung allein zugänglich ist, ergibt sich für das innerhalb ihrer gelegene ein veränderter Maßstab hinsichtlich „Wahrheit" und „Wirklichkeit". Auch das am stofflichsten Greifbare, auch das logisch Begreifbarste wird, daran gemessen, zu einer menschlich sanktionierten Konvention, zu einem Wegweiser für praktische Orientierungszwecke, – darüber hinaus sich verflüchtigend in den gleichen bloßen Symbolwert, wie das von uns als „geistig" oder „seelisch" Erfaßte. Und an *beiden* Enden unsres Weges erhebt sich damit so unübertretbar das Gebot: „Du *sollst* dir ein Bild und ein Gleichnis machen!", daß auch das Sinnbildhafte, nur in Zeichen und Vergleichen Beredte, worauf alle Geistesschilderung angewiesen bleibt, sich mit aufgenommen sieht in den Grundwert menschlicher Erkenntnisweise. Wie in jenem Horizontstrich, von Schritt zu Schritt vor uns zurückweichend, schließt sich dennoch auch immer wieder „Himmel und Erde" für uns zusammen zu *einem* Bilde: die uranfängliche Augentäuschung, – und zugleich das letzte Symbol."

— Lou Andreas-Salomé (*Die Erotik*, 1910)

Literaturverzeichnis

Adorno, T. (1959). *Ästhetik (Vorlesungen 1958/59)*. Suhrkamp Verlag, Frankfurt am Main. 1. Auflage, 2017.

Auerbach, E. (1946). *Mimesis. Dargestellte Wirklichkeit in der abendländischen Literatur*. Narr Francke Attempto Verlag GmbH + Co. KG, Tübingen. 11. Auflage, 2015.

Badiou, A. (2016). *Das Sein und das Ereignis*. Diaphanes, Zürich.

Beekes, R. (2009). *Etymological Dictionary of Greek*. Volume 2. Koninklijke Brill NV, Leiden, Niederlande.

Benjamin, W. (1922). *Goethes Wahlverwandschaften*. Auflage 2016. Verlag der Contumax GmbH und Co. KG, Berlin.

Benjamin, W. (1936). Der Erzähler. Betrachtungen zum Werk Nikolai Lesskows. In *Illuminationen*, Ausgewählte Schriften, 17. Auflage 2015, ursprünglich erschienen in „Orient und Okzident". Suhrkamp, Frankfurt am Main.

Bernstein, L. (1976). *The Unanswered Question. Six Talks at Harvard.* Harvard University Press, Cambridge, Massachusetts.

Bertinetto, A. (2007). Negative Darstellung: Das Erhabene bei Kant und Hegel. *Internationales Jahrbuch des Deutschen Idealismus*. Band 4.

Burke, E. (1989). *Vom Erhabenen und Schönen*. Volume 2, Herausgeber: Werner Strube. Verlag Felix Meiner GmbH, Hamburg. Original von 1757, Übersetzung: Friedrich Bassenge.

Burke, E. (1998). *A Philosophical Enquiry into the Origin of Our Ideas of the Sublime and Beautiful: And Other Pre-Revolutionary Writings*. Penguin Classics, New York. Original von 1757.

Cancik, H. and Schneider, H. (1998). *Der Neue Pauly*. J. B. Metzler'sche Verlagsbuchhandlung und Carl Ernst Poeschel Verlag GmbH, Stuttgart.

Feynman, R. (1955). *The value of science*. S. 13–14, Engineering and Science, Volume XIX. Caltech, Pasadena, USA.

Fuhrmann, M. (2003). *Die Dichtungstheorie der Antike*. Artemis & Winkler, Düsseldorf. Glare, P. (1973). *Oxford Latin Dictionary*. Clarendon Press, Oxford.

Grimm, J. und Grimm, W. (1852–1960). Deutsches Wörterbuch. Website. abgerufen am 01.02.2018.

Han, B.-C. (2016). *Die Austreibung des Anderen*. S. Fischer Verlag GmbH, Frankfurt am Main, Deutschland.

Hegel, G. W. F. (1807). *Phänomenologie des Geistes*. Auflage 1987. Felix Meiner Verlag, Hamburg.

Hegel, G. W. F. (1832-1835). *Vorlesungen über die Ästhetik*. Werke 13, 13. Auflage 2016. Suhrkamp Taschenbuch Verlag, Frankfurt am Main.

Hegel, G. W. F. (1840). *Vorlesungen über die Philosophie der Religion*. Zweiter Teil. Duncker und Humblot, Berlin.

Heininger, J. (2010). *Erhaben*. S. 275–310, Ästhetische Grundbegriffe, Studienausgabe, Band 2, Herausgeber: Karlheinz Barck, Martin Fontius, Dieter Schlenstedt, Burckhart Steinwachs und Friedrich Wolfzettel. J. B. Metzler'sche Verlagsbuchhandlung und Carl Ernst Poeschel Verlag GmbH, Stuttgart.

Hubble, E. (1929). A relation between distance and radial velocity among extragalactic nebulae. *Proceedings of the National Academy of Sciences* (3).

Kant, I. (1764). *Beobachtungen über das Gefühl des Schönen und Erhabenen*. Werkausgabe in 12 Bänden: Band 2, 1. Auflage, 1996. Suhrkamp Verlag, Berlin.

Kant, I. (1790). *Kritik der Urteilskraft*. Philosophische Bibliothek Band 507, 3. Auflage 2009. Felix Meiner Verlag, Hamburg.

Kroonen, G. (2013). *Etymological Dictionary of Proto-Germanic*. Band 11. Brill, Leiden. Leiden Indo-European Etymological Dictionary Series.

Lewis, T. and Short, C. (1975). *A Latin Dictionary*. Clarendon Press, Oxford.

Lidell, H., Scott, R., and Jones, H. (1943). *A Greek-English Lexicon*. Clarendon Press. Oxford. Lyotard, R. (1989). *Streifzüge*. Passagen, Wien, Österreich.

Mann, T. (1981). *Gesang vom Kindchen: Gesammelte Werke in Einzelbänden*. Herausgeber: Mendelssohn, Peter de. Fischer, Frankfurt am Main.

Menge, H. (1978). *Langenscheidts Großwörterbuch Lateinisch*. Band 1, Lateinisch–Deutsch. Langenscheidtsche Verlagsbuchhandlung, Berlin.

Montanari, F. (2015). *The Brill Dictionary of Ancient Greek*. Koninklijke Brill NV, Leiden, Niederlande.

Moorfield, J. (2018). Māori Dictionary. Website https://maoridictionary.co.nz, abgerufen am 08.02.2018.

Nepia, P. (2012). *Te Kore: Exploring the Māori Concept of Void*. Auckland University of Technology.

Nietzsche, F. (1873). *Über Wahrheit und Lüge im außermoralischen Sinne*. Insel Bücherei 1207, Auflage 2000. Insel Verlag, Frankfurt am Main.

Schiller, F. (1793-1801). *Vom Pathetischen und Erhabenen. Schriften zur Dramentheorie*. Auflage von 2009, Universalbibliothek Nr. 18213. Reclam, Stuttgart.

Schiller, F. und Goethe, J. (1797). Digitalisate des Deutschen Goethe- und Schiller-Archivs. Website http://ora-web.swkk.de/archiv_online/gsa.entry?b=28&vc=1046&source=gsa.archivalien, abgerufen am 02.02.2018.

Schrott, R. (1989). *Makame*. Haymon, Innsbruck, Österreich.

Schrott, R. (1998). *Tropen. Über das Erhabene.* Werkausgabe Band 1. Carl Hanser Verlag, München.

Schrott, R. (2016). *Erste Erde. Epos.* Carl Hanser Verlag, München. Schrödinger, E. (1935). Die gegenwärtige Situation in der Quantenmechanik.

Ueding, G. (1996). *Historisches Wörterbuch der Rhetorik*. Wissenschaftliche Buchgesellschaft, Darmstadt.

Wagner, T. (2009). »Kein anderer Text war politisch wirkungsmächtiger«. Gespräch mit Raoul Schrott. Über die Aktualität der Ilias, Homers Heimat und die Aufgabe der Literatur als Vermittlerin zwischen den Kulturen. Website https://www.jungewelt.de/artikel/119253.kein-anderer-text-war-politisch-wirkungsmächtiger.html, abgerufen am 07.02.2018.

Wittgenstein, L. (2014). *Tractatus logico-philosophicus*. Werkausgabe Band 1. Suhrkamp Taschenbuch Wissenschaft, Frankfurt am Main.

Ziegler, K. and Sontheimer, W. (1967). *Der Kleine Pauly*. Alfred Druckenmüller Verlag, Stuttgart.

Register

Danksagung

Wie in der Einleitung zwischen den Zeilen ausgedrückt, ist diese Arbeit innigst mit fast meinem vollständigen bisherigen Lebensweg verbunden. Eine wertschätzende, persönliche Danksagung allen Menschen, die – mindestens bisher – diesen ermöglichten, prägten oder zumindest erleichterten, würde den Rahmen dieser Danksagung weit sprengen.

Aber neben meinen Betreuerinnen Frau Prof. Lubkoll und Frau Dr. Aura Heydenreich, die sowohl ganz menschlich mit den Steinen, die mir in den Weg gelegt wurden, umgingen und mir oft auch inhaltlich Anregungen gaben, als auch überhaupt erst Teilschuld (in einem ganz positiven Sinne) daran hatten, dass ich „Ethik der Textkulturen" parallel zu meiner Promotion in Physik studierte, und meinem Doktorvater, Prof. Dr. Klaus Mecke, der mir den Freiraum ließ, ohne den dieses Studium und vor allem dieses Buch, das die Masterarbeit in „Ethik der Textkulturen" wurde, auch nicht möglich gewesen wäre, und von dem ich viel über die tiefen Prinzipien der Physik gelernt habe, gebührt mein Dank ganz besonders meinen Eltern: Annerose und Wolfgang Laska. Zusammen sind sie es, die mich nicht nur finanziell und „lebenslogistisch", sondern einfach insgesamt liebevoll unterstützt haben. Viel wichtiger in diesem Zusammenhang ist aber: Sie (und ihre Eltern) sind es gewesen, die mich zu all den Themen hinführten; auch wenn ihnen das vielleicht nicht so bewusst ist. Meine Mama hat das Lyrische, das Musische und das Innige in mein Leben gebracht und mein Papa (und seiner) das Naturwissenschaftlich-Analytische; „das Warum" und nicht zuletzt auch die Wichtigkeit der Präzision: „Die Rakete wäre abgestürzt!" war ein Satz, den ich nicht zu selten hörte, wenn ich wieder einmal „eigentlich" alles richtig rechnete, aber das Vorzeichen oder eine Nachkommastelle des Ergebnisses falsch war. Ganz oft in den Naturwissenschaften gibt es eben gerade keine alternativen Sichten oder es reicht eben gerade nicht, wenn irgendetwas fast richtig ist. Man muss es eben so lange üben, bis man das Ergebnis ganz richtig herausbekommt. Punkt. Darin liegt nicht nur viel Druck, wie man vermuten könnte, sondern auch viel Trost und Ruhe. Außerdem hat er mein Bild vom Erzählen geprägt, denn er ist im wahrsten Sinne des Wortes ein Erzähler, dem man gerne lauscht.

Außerdem danke ich den Mitarbeitern vom Ergon-Verlag für die geduldige Umsetzung meines eigenwilligen Manuskripts. Insbesondere Herrn Schumacher, Frau Ebner und Frau Moschner. Darüberhinaus gebührt mein Dank Frau Höfer für das Korrektorat.

LITERATURA
WISSENSCHAFTLICHE BEITRÄGE
ZUR MODERNE UND IHRER GESCHICHTE

ISSN 1432-0274

Herausgegeben von
Andrea Bartl | Martin Huber | Stephan Kraft
Christine Lubkoll | Friedhelm Marx | Dirk Niefanger

1 | Tausch, Harald (Hrsg.)
Historismus und Moderne
(vergriffen) ISBN 978-3-928034-89-0

2 | Vonau, Michael
Quodlibet. Studien zur poetologischen Selbstreflexivität von Jean Pauls Roman „Flegeljahre"
1997. 139 S. Kt. € 28,00
ISBN 978-3-932004-40-7

3 | Beck, Thomas
Bedingungen librettistischen Schreibens. Die Libretti Ingeborg Bachmanns für Hans Werner Henze
(vergriffen) ISBN 978-3-932004-51-3

4 | Betz, Uwe
Polyphone Räume und karnevalisiertes Erbe. Analysen des Werks Thomas Bernhards auf der Basis Bachtinscher Theoreme
1997. 392 S. Kt. € 52,00
ISBN 978-3-932004-57-5

5 | Schaller, Angelika
„Und seine Begierde ward sehend". Auge, Blick und visuelle Wahrnehmung in der Prosa Thomas Manns
1997. 407 S. Kt. € 54,00
ISBN 978-3-932004-58-2

6 | Heinritz, Reinhard
„Andre fremde Welten". Weltreisebeschreibungen im 18. und 19. Jahrhundert
1998. 296 S. 10 Abb. Kt. € 42,00
ISBN 978-3-932004-65-0

7 | Haas, Christoph
Wolfgang Koeppen. Eine Lektüre
1998. 260 S. Kt. € 44,00
ISBN 978-3-932004-90-2

8 | Mottel, Helmut
„Apoll envers terre". Hölderlins mythopoetische Weltentwürfe
1998. 340 S. 40 Abb. Kt. € 44,00
ISBN 978-3-932004-85-8

9 | Schmidt, Thomas
Engagierte Artistik. Satire, Parodie und neo-emblematische Verfahren im Werk Günter Kunerts
1998. 314 S. 10 Abb. Kt. € 39,00
ISBN 978-3-932004-53-7

10 | Segebrecht, Wulf
Fröhlich, Monica – Simon Ulrich (Red.)
Europavisionen im 19. Jahrhundert: Vorstellungen von Europa in Literatur und Kunst, Geschichte und Philosophie
1999. 307 S. Kt. € 39,00
ISBN 978-3-933563-08-8

11 | Pekar, Thomas
Ernst Jünger und der Orient. Mythos – Lektüre – Reise
(vergriffen) ISBN 978-3-933563-40-8

12 | Davidson, Anika
Advocata Aesthetica. Studien zum Marienmotiv in der modernen Literatur am Beispiel von Rainer Maria Rilke und Günter Grass
2001. 429 S. Kt. € 55,00
ISBN 978-3-935556-60-6

ERGON-VERLAG

LITERATURA
WISSENSCHAFTLICHE BEITRÄGE ZUR MODERNE UND IHRER GESCHICHTE

ISSN 1432-0274

Herausgegeben von
Andrea Bartl | Martin Huber | Stephan Kraft
Christine Lubkoll | Friedhelm Marx | Dirk Niefanger

13 | Fröhlich, Monica
Literarische Strategien der Entsubjektivierung. Das Verschwinden des Subjekts als Provokation des Lesers in Christoph Ransmayrs Erzählwerk
2001. 201 S. Kt. € 32,00
ISBN 978-3-935556-87-3

14 | Chiadò Rana, Christine
Das Weite suchen. Unterwegs in Wolfgang Hildesheimers Prosa
2003. 356 S. 4 Abb. Kt. € 45,00
ISBN 978-3-89913-286-1

15 | Rudtke, Tanja
Die lachende Träne im Wappen. Karnevalistische Ambivalenz und dialogische Strukturen bei Heinrich Heine
2003. 223 S. Kt. € 32,00
ISBN 978-3-89913-291-5

16 | Schümann, Daniel
Oblomov-Fiktionen. Zur produktiven Rezeption von I. A. Gončarovs Roman *Oblomov* im deutschsprachigen Raum
2005. 534 S. mehr. Abb. Kt. € 68,00 ISBN 978-3-89913-424-7

17 | Meier, Christel Erika
Das Motiv des Selbstmords im Werk Gerhart Hauptmanns
2005. 621 S. Kt. € 78,00
ISBN 978-3-89913-425-4

18 | Preuß, Thorsten
Brechts „Lukullus“ und seine Vertonungen durch Paul Dessau und Roger Sessions. Werk und Ideologie
2007. 532 S. 106 Notenbspe. Kt. € 68,00
ISBN 978-3-89913-539-8

19 | Igel, Felicitas
Wilhelm Meisters Lehrjahre im Kontext des hohen Romans
2007. 830 S. Geb. € 89,00
ISBN 978-3-89913-557-2

20 | Hong, Melanie
Gewalt und Theatralität in Dramen des 17. und des späten 20. Jahrhunderts. Untersuchungen zu Bidermann, Gryphius, Weise, Lohenstein, Fichte, Dorst, Müller und Tabori
2008. 520 S. Kt. € 62,00
ISBN 978-3-89913-636-4

21 | Bayer, Frauke
Mythos Ophelia. Zur Literatur- und Bild-Geschichte einer Weiblichkeitsimagination zwischen Romantik und Gegenwart
2009. 364 S. 19 Farb-, 47 S/w-Abb. Geb. € 57,00 ISBN 978-3-89913-686-9

22 | Tang, Wei
Mahrtenehen in der westeuropäischen und chinesischen Literatur: Melusine, Undine, Fuchsgeister und irdische Männer – Eine komparatistische Studie
2009. 265 S. Kt. € 35,00
ISBN 978-3-89913-687-6

23 | Haslinger, Karin R.
Der Briefwechsel von Else Lasker-Schüler und Franz Marc, ein poetischer Dialog
(vergriffen) ISBN 978-3-89913-695-1

ERGON-VERLAG

LITERATURA
WISSENSCHAFTLICHE BEITRÄGE ZUR MODERNE UND IHRER GESCHICHTE

ISSN 1432-0274

Herausgegeben von
Andrea Bartl | Martin Huber | Stephan Kraft
Christine Lubkoll | Friedhelm Marx | Dirk Niefanger

24 | Fischer, Alexander Michael
Dédoublement. Wahrnehmungsstruktur und ironisches Erzählverfahren der Décadence (Huysmans, Wilde, Hofmannsthal, H. Mann)
2010. 402 S. Geb. € 55,00
ISBN 978-3-89913-720-0

25 | Pauldrach, Matthias
Die (De-)Konstruktion von Identität in den Romanen Helmut Kraussers
2010. 266 S. Geb. € 39,00
ISBN 978-3-89913-807-8

26 | Pfitzinger, Elke
Die Aufklärung ist weiblich. Frauenrollen im Drama um 1800
2011. 248 S. Kt. € 38,00
ISBN 978-3-89913-811-5

27 | Wagner, Caroline
Subversives Erzählen: E.T.A. Hoffmann und Heinrich von Kleist
2012. 273 S. Kt. € 38,00
ISBN 978-3-89913-921-1

28 | Schmidt, Christian
„Das Leihhaus für das Tollhaus". Swift-Spuren im Werk Jean Pauls
2012. 188 S. Kt. € 35,00
ISBN 978-3-89913-943-3

29 | Knöferl, Eva
‚Dies Glasperlenspiel mit schwarzen Perlen'. Musik und Moralität bei Hermann Hesse und Thomas Mann
2012. 128 S. Kt. € 24,00
ISBN 978-3-89913-944-0

30 | Paul, Janina Christine
Reiseschriftstellerinnen zwischen Orient und Okzident. Analyse ausgewählter Reiseberichte des 19. Jahrhunderts. Weibliche Rollenvorstellungen, Selbstrepräsentationen und Erfahrungen der Fremde
2013. 421 S. Kt. € 69,00
ISBN 978-3-89913-965-5

31 | Kretzschmar, Dirk – Lubkoll, Christine – Niefanger, Dirk – Schukowski, Stefan (Hrsg.)
Spiel und Ernst: Formen – Poetiken – Zuschreibungen. Zum Gedenken an Erika Greber
2014. 392 S. Geb. € 58,00
ISBN 978-3-95650-024-4

32 | Rehm, Stefan
Stadt/Land. Eine Raumkonfiguration in Literatur und Film der Weimarer Republik
2015. 388 S. 23 Abb. Kt. € 48,00
ISBN 978-3-95650-088-6

33 | Ferro Milone, Giulia
E.T.A. Hoffmanns Spätwerk. *Queer Readings*
2015. 201 S. Geb. € 32,00
ISBN 978-3-95650-086-2

34 | Neubauer-Petzold, Ruth
Blaubart als neuer Mythos. Von verbotener Neugier und grenzüberschreitendem Wissen
2015. 640 S. 73 teilw. farb. Abb. Kt. € 78,00
ISBN 978-3-95650-120-3

ERGON-VERLAG

LITERATURA
WISSENSCHAFTLICHE BEITRÄGE
ZUR MODERNE UND IHRER GESCHICHTE

ISSN 1432-0274

Herausgegeben von
Andrea Bartl | Martin Huber | Stephan Kraft
Christine Lubkoll | Friedhelm Marx | Dirk Niefanger

35 | Wang, Qing
„Ich will nichts wissen!" Tabus und ihre Literarisierung um 1800: Lessing, Kleist und Goethe
2016. 224 S. Kt. € 38,00
ISBN 978-3-95650-135-7

36 | Beck, Michael
Käufliche Liebe – oder von Geldheirat und unmoralischen Angeboten. Codes von Liebe, Ehe und Sexualität in den Dramen der Frühen Neuzeit
2016. 208 S. Geb. € 32,00
ISBN 978-3-95650-152-4

37 | Levkina, Antonia
Thomas Bernhard und die Tradition der russischen Literatur
2016. 228 S. Kt. € 35,00
ISBN 978-3-95650-210-1

38 | Klein, Andreas
Zwischen Grenzbegriff und absoluter Metapher. Hans Blumenbergs Absolutismus der Wirklichkeit
2017. 211 S. Kt. € 28,00
ISBN 978-3-95650-229-3

39 | Podskalsky, Vera
Jan Böhmermann und Die PARTEI. Neue Formen der Satire im 21. Jahrhundert und ihre ethische (Un-)Begrenztheit
2017. 104 S. Kt. € 24,00
ISBN 978-3-95650-252-1

40 | Döll, Alexander
„Mit fühlenden Händen und sehenden Augen". Sensualismus und Aufklärung in Lohensteins *Arminius*-Roman
2018. 202 S. Kt. € 38,00
ISBN 978-3-95650-392-4

41 | Laska, Alexander
Zur Literarisierung naturwissenschaftlicher Erkenntnis und der Empfindung des Erhabenen. Raoul Schrotts Epos „Erste Erde" – Kritik und Kommentar
2019. 93 S. Kt. € 22,00
ISBN 978-3-95650-572-0

ERGON-VERLAG